국가가 위기다

국가가

불리지 않는 노래 國歌의 시련

위기다

글 **임진모**

내일을여는책

| 목차 |

여는 글   국가(國歌)는 위기에 처해 있다   008

1장 아시아

대한민국의 국가 <애국가> 018
중국의 국가 <의용군 진행곡> 052
일본의 국가 <군주의 치세> 057
북한의 국가 <애국가> 062
몽골의 국가 <몽골 국가> 065
인도의 국가 <모든 국민의 마음> 067
파키스탄의 국가 <파키스탄 국가> 071
베트남의 국가 <진군가> 074
필리핀의 국가 <선택된 땅> 080
태국의 국가 <태국 국가> 082
말레이시아의 국가 <나의 조국> 084
인도네시아의 국가 <위대한 인도네시아> 086
이란의 국가 <이란이슬람공화국 국가> 088
이라크의 국가 <나의 조국> 091
사우디아라비아의 국가 <군주를 찬양하라> 094
터키의 국가 <독립 행진곡> 097
이스라엘의 국가 <희망> 100
싱가포르의 국가 <전진하라 싱가포르여> 103
아프가니스탄의 국가 <아프가니스탄의 국가> 105
시리아의 국가 <조국의 수호자들> 108

2장 유럽

프랑스의 국가 <마르세유의 노래> 112

영국의 국가 <신이여 여왕을 보호하소서> 119

이탈리아의 국가 <마멜리의 찬가> 124

러시아의 국가 <러시아연방 국가> 128

독일의 국가 <독일인의 노래> 131

오스트리아의 국가 <산의 나라, 강의 나라> 135

체코의 국가 <나의 집은 어디에> 137

네덜란드의 국가 <나사우 가문 빌럼 공의 노래> 140

포르투갈의 국가 <포르투갈의 노래> 143

노르웨이의 국가 <그래, 우리는 이 땅을 사랑한다> 146

스페인의 국가 <왕의 행진곡> 148

폴란드의 국가 <폴란드는 아직 죽지 않았다> 150

스위스의 국가 <스위스 찬가> 154

그리스의 국가 <자유의 찬가> 156

아일랜드의 국가 <전사의 노래> 159

아이슬란드의 국가 <찬가> 161

스웨덴의 국가 <오래된 그대, 자유로운 그대> 163

핀란드의 국가 <우리의 땅> 165

크로아티아의 국가 <우리의 아름다운 조국> 167

헝가리의 국가 <찬가> 169

벨기에의 국가 <브라반트의 노래> 171

3장 북미

미국의 국가 <성조기> 176
캐나다의 국가 <오 캐나다> 195

4장 중남미

브라질의 국가 <브라질 국가> 204
쿠바의 국가 <바야모의 노래> 207
베네수엘라의 국가 <용감한 자들에게 영광이 있으라> 209
콜롬비아의 국가 <오, 불멸의 영광이여> 212
칠레의 국가 <칠레 찬가> 215
우루과이의 국가 <동방인들이여, 조국이 아니면 죽음을> 217
파라과이의 국가 <파라과이의 공화국 또는 죽음> 219
자메이카의 국가 <우리가 사랑하는 땅, 자메이카> 221
멕시코의 국가 <멕시코의 국가> 223
도미니카공화국의 국가 <용감한 키스케야인> 226
아이티의 국가 <드살린의 노래> 229
푸에르토리코의 국가 <보린케냐> 232
페루의 국가 <우리는 자유로우며 언제나 그러하리라> 234
아르헨티나의 국가 <아르헨티나 국가> 237

5장 **아프리카**

이집트의 국가 <나의 조국, 나의 사랑과 마음은 그대를 위해> 244

나이지리아의 국가 <동포들이여, 일어나라> 246

짐바브웨의 국가 <짐바브웨의 대지에 축복을> 248

세네갈의 국가 <모든 국민이 그대의 코라와 발라퐁을 친다네> 251

에티오피아의 국가 <전진하라, 나의 어머니 에티오피아> 254

남아프리카공화국의 국가 <남아프리카의 찬가> 257

가나의 국가 <하느님, 우리의 조국 가나를 축복하소서> 259

카메룬의 국가 <오 카메룬, 우리 선조의 요람이여> 261

6장 **오세아니아**

오스트레일리아의 국가
<아름다운 오스트레일리아여 전진하라> 266

뉴질랜드의 국가
<신이여 여왕을 보호하소서>
<신이여 뉴질랜드를 지켜주소서> 269

국가(國歌)는 위기에 처해 있다

2019년 6월, 초등학교 동창들의 모바일 메신저 대화방에서 오고 간 내용이다. 60대인 여성 멤버가 캐나다로 여행 간 20대 딸이 한국전쟁 가평전투 참전용사 추모 기념비 앞에서 노래 부르는 영상을 올리며 기특해하는 글을 올렸다. 캐나다 랭리타운쉽에 세워진 이 기념비에는 '가평석'이라는 한글이 새겨져 있다. 그녀가 기특하다고 한 이유는 딸이 다름 아닌 〈애국가〉를 불러서였다.

"우리 딸이 애국가를 부른다. 캐나다 군인들 가평전투 참전용사를 기리기 위해 위니펙에 가평서 직접 나른 돌로 만든 기념비래. 공원이 생겨 한복을 입고 갔다고 하네. 뜻깊고 좋은 것을 그들 문화로부터 배웠다고 해."

이 메시지가 올라오자 두 명의 동창이 바로 답을 올렸다.

"애국자, 애국가, 딸내미 멋져요~~^^"

"애국가 부를 때의 목소리와 영어로 뭐라 할 땐 다른 목소리네~?? ㅋ 암튼 조금이나마 한국을 알릴 수 있어서 멋져부러잉~"

이 대화를 보면서 다시금 생각했다. 〈애국가〉는 나라 사랑의 대표적 장치이자 국민의 애국적 사고와 행위를 이끌어내는 데 중요한 상징이라는 것을. '애국가 제창' '애국가 봉창'과 함께 살아온 기성세대 대다수는 위 메시지에 '급 공감'하리라 본다. 게다가 왠지 모르게 부모 세대의 문화에 쉬 동참하지 않으려는 성향의 젊은 자식 세대가 다른 것도 아닌 〈애국가〉를 부르는 장면을 목격하게 된다면 흐뭇한 표정이 절로 지어질 것이다.

외국으로 이민 간 사람들은 1세대, 1.5세대, 2세대 할 것 없이 〈애국가〉가 TV를 통해 울려 퍼지는 장면을 보면 가슴이 뭉클해지고 눈물을 글썽이게 된다고 한다. 한글을 제대로 알지 못하는 2세대들도 어디서 들었는지 〈애국가〉에는 즉각 반응한다는 것이다. 1979년에 미국으로 이민 가 현재 로스앤젤레스에 거주하는 한 한인은 다음과 같이 말한다.

"한국의 학창 시절 조회 시간에 운동장에서 애국가 부르는 게 그렇게 싫었는데 여기 와선 애국가를 불러야 할 상황에서 내가 제일 크게 부르는 것 같다. 이유는 잘 모르겠다. 그냥 가슴이 멍해진다. 친구들도 다 그런 것 같다."

비단 우리만 그런 것 같지는 않다. 미국, 프랑스, 캐나다, 중국, 일본 등 각국의 국민들도 스포츠 이벤트 가운데 국가 대항전을 치르게 될 경우, 선수와 관객 그리고 시청자 모두 경건한 마음으로 국가(國歌)를 따라 부른다. 스포츠가 워낙 국민적 일체감 형성에 최적인 데다가, 국가 제창이 있고 난 뒤 바로 경기가 시작되는 만큼 국가의 흡인력은 엄청나다.

국가의 자존심을 놓고 벌이는 올림픽 경기와 월드컵을 비롯한 각종 국가 대항전은 국가(國歌)의 의미를 살리는 가장 큰 제의로 남아 있다. 물론 자국의 대통령이나 수상과 같은 최고권력자에 대한 의례 행사 혹은 방문한 외국 원수에 대한 의례 행사가 진행될 때도 국가가 연주된다. 한마디로 국가는 국기와 더불어 최고의 '상징'이다.

2010년대에 떠오른 미국 팝 음악가 중에 라나 델 레이(Lana Del Rey)라는 이름의 여가수가 있다. 미국을 신랄하게 비판하는 기조의 2019년 앨범 〈노먼 퍽킹 록웰(Norman Fucking Rockwell)〉이 그래미상 최

우수 앨범 후보에 오를 만큼 자기표현이 분명한 이 여가수는 2012년 〈국가(National Anthem)〉라는 제목의 노래를 발표한 적이 있다. 여기서도 국가는 말할 필요도 없이 최고의 가치에 비유되고 있다.

> '내가 너의 국가라고 말해줘(Tell Me I'm Your National Anthem)/ 고개를 숙이고 말야/ 내가 당장 '와우'라고 말하게 해줘/ 너무 달콤해/ 네 몸을 풀어보라구/ 빨간색 하얀색 푸른색이 하늘에 날리고/ 여름의 공기인데/ 자기야 천국이 당신의 눈에 있어/ 내가 너의 국가야/ 돈이야말로 우리가 존재하는 이유지/ 이건 사실이야/ 그러니 키스 키스…'

'너의 국가'라 함은 내가 곧 너의 전부라는 의미일 것이다. 그런데 그 국가가 함의하는 바는 다름 아닌 '존재의 이유'라고 한 '돈'이다. 즉 이 노래는 돈에 찌든 세상에 대한 신랄한 비판이라고 할 수 있다. 이를테면 돈타령과 국가 제창을 동격화하면서 배금주의 세태를 통박하는 것이라고 할까.

이 노래를 통해 비유 장치로서 국가가 갖는 근래의 위상을 살짝 읽을 수도 있다. 사실상 돈으로 묘사되고 있을 만큼 조금의 경건함, 신성함도 없다. '나라노래'가 처한 서글픈 현실이다. 솔직히 '국가적' 또는 '국가 대항적'의 상황이 아닐 경우 국가는 노래로서의 기능이 거의 작동하지 않는다. 단적으로 말해 '필요한 때를 제외하곤' 국가를 찾지 않는다는 것이다. 이 점에서 나라 사랑과 의식을 노래하는 국가는 '목적가(目的歌)'의 성격을 갖기에, 희로애락을 성격으로 하는 일반 '음악예술'의 위상에서 벗어나 있다고 해도 과언이 아니다.

갈수록 사회가 이념에 대한 봉사에서 벗어나 개인의 이익과 목표를 추구하는 쪽으로 바뀌면서 국가의 무게감이 떨어지고 있는 게 현실이다. 중요한 것은 가치의 전환이다. 국가와 국민이라는 주체가 이성이나 역사의 필연성이라는 이름 아래 자유의 목표를 설정하고 사람들로 하여금 그것을 자발적으로 수용하도록 강제해온 것이 18, 19세기 그리고 20세기의 세계였다.

하지만 2차 세계대전과 1960년대 베이비붐 세대의 등장과 함께 '국민'은 국가의 강제적 또는 자의적 지배에서 벗어나 개인의 취향과

쾌락을 강조하는 쪽으로 달라졌다. 가치와 질서의 격변이 이뤄진
것이다. 연대와 전체주의는 사라지고 개인의 자유와 다양성이 중요
해졌다. 이런 현실에서 국가의 상징인 국기(國旗)와 국가(國歌)가 과
거와 같을 수는 없다.

축구 대표선수 누군가가 월드컵과 유로축구의 예선, 본선 그리고 A
매치 경기 전에 설령 자기 나라의 국가를 따라 부르지 않더라도 비
난이 쇄도하지 않는다. 자국(아르헨티나)의 국가를 부르지 않아 화제
가 된 축구 월드 슈퍼스타 메시의 말이 근래 국가를 대하는 사람들
의 심정을 대변하는지도 모르겠다.

"그냥 국가를 듣는 게 내 방식이다. 모두가 각각의 방식을 따르는 게
좋은 것 아닌가."

국가는 위기에 처해 있다. 예전 같지 않다. '국가를 부르느냐 / 안 부
르느냐'보다는 '국가를 바꿔야 한다 / 바꾸지 말아야 한다'라는 논쟁에
지구촌의 많은 나라가 휘말려 있다. 지난 두 세기간의 전쟁과 분란,
해방과 독립의 역사 속에서 탄생한 대부분의 국가(國歌)가 지금 자유·
평등·평화의 시대에 부합하지 않은 것은 부인할 수 없는 사실이다.

우리의 〈애국가〉처럼 작곡자의 친일·친나치 행적이 문제가 된 경우는 극단적 사례지만, 심지어 세계 최고의 국가로 통하는 프랑스의 〈마르세유의 노래〉도 가사가 너무 거칠고 외국에 배타적이라 부드러운 언어로 수정해야 한다는 여론이 비등하고 있다. 국가가 '지난 역사의 낡은 유물'이라는 주장이 보편화하면서 이곳저곳에서 국가와 관련하여 구습, 폐습이라는 비판의 목소리가 들린다. 우리도 최근 〈애국가〉를 새로 제정해야 한다는 의견이 강력하게 대두되었다. 이런 실정에서 세계 각국의 국가는 과연 국민과의 관계가 어떠한지, 현재 어떤 문제에 처해 있는지 궁금해지기 시작했다. 솔직히 말한다면, 애초에는 국가가 워낙 음악예술성과 거리가 있는 데다 대중적 소재라고 할 수 없어서 안중에 없었다. 그러다가 출판사 '내일을여는책' 김완중 대표의 "이 시점에 국가를 한번 정리해보는 게 어떨까요?"라는 얘기에 깜짝 놀랐다. '왜 그동안 이걸 아무도 쓰지 않은 거지?' 한번 해보자는 생각이 솟구쳤지만, 국가의 형성이 대부분 건국이나 독립 등의 역사적 사실과 관련되어 있어 엄두가 나지 않았다. 도저히 못 쓰겠다고 출판사에 전하고 싶었던 적이 수차례였다. 그래도 포기하기는 싫었던 것 같다. 김완중 대표의 아이디어 덕분에 이렇게 꼭 나와야 할 책이 마침내 나오게 된 것에 감사드린다.

또 4년의 세월을 견뎌준 출판사의 편집 담당 김세라 님에게 감사 말씀을 드린다. 사기 진작은 말할 것도 없고, 그와 대화를 나누면서 책 내용의 얼개와 합리적 배치가 가능했다. 그 외에도 '이즘(IZM)' 후배들을 포함해 많은 분의 아낌없는 지원과 협조를 받았다. 그럼에도 결과적으로 책이 미흡하기 짝이 없는 것은 전적으로 저자의 능력 부족 탓이다.

한 해 한 해, 갈수록 떨어져 가는 기억력 탓인지, 아니면 태생적 이유 때문인지, 글쓰기가 힘들어진다. '글 감옥'이란 말에 전적으로 공감한다. 다만 '가지 않은 길'을 밟았다는 기쁨과 약간의 자긍으로 아쉬움을 대신하려고 한다. 조금은 뭔가 해냈다는 마음이다. 한 권의 책이 다수의 지원이 아니면 불가능하다는 것을 새삼 깨친다. 모두에게 감사한다.

2021년 3월 임진모

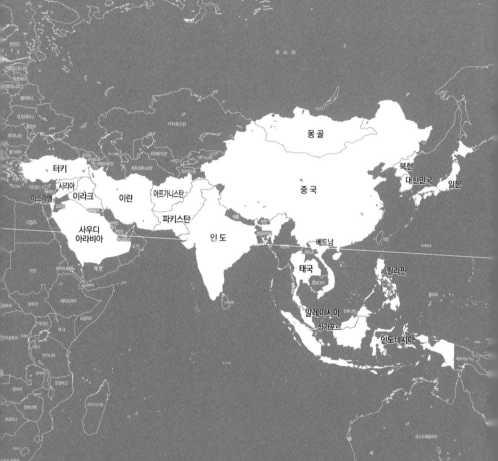

러시아

몽골

카자흐스탄

우즈베키스탄

터키

시리아

이스라엘
이라크   이란   아프가니스탄

이집트

사우디
아라비아   파키스탄

예멘   인도

수단

에리트레아

에티오피아

북한

대한민국   일본

중국

베트남

태국

필리핀

말레이시아
싱가포르

인도네시아

오스트레일리아

1장 아시아

대한민국의 국가 <애국가>

중국의 국가 <의용군 진행곡>

일본의 국가 <군주의 치세>

북한의 국가 <애국가>

몽골의 국가 <몽골 국가>

인도의 국가 <모든 국민의 마음>

파키스탄의 국가 <파키스탄 국가>

베트남의 국가 <진군가>

필리핀의 국가 <선택된 땅>

태국의 국가 <태국 국가>

말레이시아의 국가 <나의 조국>

인도네시아의 국가 <위대한 인도네시아>

이란의 국가 <이란이슬람공화국 국가>

이라크의 국가 <나의 조국>

사우디아라비아의 국가 <군주를 찬양하라>

터키의 국가 <독립 행진곡>

이스라엘의 국가 <희망>

싱가포르의 국가 <전진하라 싱가포르여>

아프가니스탄의 국가 <아프가니스탄의 국가>

시리아의 국가 <조국의 수호자들>

대한민국의 국가 〈애국가〉

대한민국의 〈애국가〉는 자랑스럽다. 나라 사랑과 민족의식의 고취라는 국가의 원래 취지에 잘 부합한다는 평가를 받을 만큼 음악 자체가 유려하고 품격도 있다. 계몽주의 성향의 가사 또한 뭉클함을 자아낸다. 〈애국가〉 세례를 받은 기성세대들에게는 분명 '심쿵'이다.

> '동해물과 백두산이 마르고 닳도록/ 하느님이 보우하사 우리나라 만세/ 무궁화 삼천리 화려강산/ 대한 사람 대한으로 길이 보전하세'

어느 나라의 국가에 견주어도 뒤지지 않을 만큼 선율과 가사의 궁합이 훌륭하다. 만약 우리가 국가 탄생 시점에 미국, 프랑스와 같은 강대국이었거나 구미 관점에서 유서 깊은 역사의 나라였다면 분명 '톱 국가(國歌)'의 리스트에, 그것도 상위권에 있을 것이다. 물론 활기 차지 않고 조금은 감상(感傷)적인 곡조라서 노래하기에 너무 처진다는 의견도 있지만, 노래 자체로 높은 짜임새와 완결성을 지니고 있는 것은 사실이다. 한마디로 '음악적'이다.

전형적인 두도막 16마디 형식으로 구성된 〈애국가〉는 평양에서 태어나 일본, 미국에서 악기와 작곡을 공부한 뒤 유럽에서 활동하며 당대 한국 음악가로는 드물게 세계적 명성을 얻고 있던 안익태의 〈한국환상곡(Korea Fantasy)〉 중 합창 부분의 주요 선율에 가사를 붙인 곡이다. 선율의 진수를 맛보려면 〈한국환상곡〉 전체를 찬찬히 들어보는 것이 좋다고 전문가들은 권한다.

'판타지(Fantasy)'는 대개 형식의 구애 없이 다양한 아이디어로 자유롭게 이끌어가는 악곡이다. 〈한국환상곡〉 역시 1930년대 음악계를 풍미하던 표현주의적 아이디어에 우리의 민요 선율 등이 더해져 매우 자유분방하게 전개된다. 이 작품에 방점을 찍는 대목은 말할 것도 없이 후반부 합창으로, 바로 이게 〈애국가〉 선율이다. 4절에 공통으로 적용되는 코러스(후렴), 바로 '대한 사람 대한으로 길이 보전하세' 부분은 압권이 아닐 수 없고, 이를 통해 판타지의 피날레를 장식하는 구조다.

꽤 근사한 국가

노래를 위한 영역이라 그리 복잡하지 않고 단순 명쾌하게 구성된 선율이다. 그 때문에도 입에 붙는 편이며 귀에 감기는 맛이 좋다. 노래하기 어렵다는 일각의 시선이 있지만 까다로운 미국 국가 등에 비할 바는 못 된다. 더구나 편곡도 세련되고 격조가 있으며 알차다는 얘기를 듣는다.

이것은 아마도 작곡자가 클래식 본고장의 세례를 받은 것과 무관하지 않다. 각 절(verse)의 마무리인 '우리나라 만세(2절은 우리 기상일세, 3절은 일편단심일세, 4절은 나라 사랑하세)'를 비롯해서 전반이 감동의 진짜배기다. 우리는 꽤 근사한 국가를 갖고 있는 셈이다.

안익태는 미국 유학 시절, 국가가 없이 외국의 민요풍 노래인 〈올드 랭 사인(Auld Lang Syne)〉의 멜로디에 가사를 붙여 부르는 것을 보고 창작 국가의 필요성을 절감해 〈애국가〉 작곡에 돌입했다고 한다. 그리고 독일 베를린에서 착상한 선율을 아직 미완성이던 〈한국환상곡〉에 붙여 마지막 악장으로 완성했다.

정리된 악보는 바로 미국 샌프란시스코에 있는 대한인국민회 앞으로 송부되었고 1940년경 충칭에 있던 김구 수반의 대한민국임시정부에 전해졌다고 한다. 여기서 국가로 채택되기에 이르렀지만, 일제강점기인 탓에 한반도에는 알려지지 않았다. 독립 이후 마침내 〈애국가〉의 악보가 전해졌고, 이후 1948년 대한민국 정부에서 국가(國歌)의 지위를 사실상 획득한다.

악보는 교과서 등을 통해서 한반도 전역으로 퍼져나갔다. 하지만 여기서 특기할 사항은 대한민국의 성문법에서는 국가를 별도로 규정하지 않았고, 현재까지도 법령상 규정되어 있는 바는 없다는 사실이다. 2020년 기준, 지금까지 70년 이상을 불러온 '관습'에 의거해 사실상의 국가로 인정하고 있는 셈이다.

2010년 채택된 국민의례 규정을 봐도 국민의례 시 〈애국가〉를 부르거나 연주하도록 함으로써 국가로서의 역할을 간접적으로 규정하고 있을 뿐 법적인 근거는 없다. 바로 이 때문에 오래전부터 일각에서 〈애국가〉를 새로 제정해야 한다는 목소리가 나오는 것이기도 하다.

새로운 〈애국가〉라니! 이렇게 퀄리티가 높은 노래인데, 왜 '대안'이니 '대체'라는 말이 나오는 걸까. 아닌 게 아니라 현재 우리의 〈애국가〉는 애처롭게도 이런저런 논란으로 위상이 흔들릴 뿐 아니라 망가져 가고 있다. 단적으로 '애국가의 위기'요, 심하게 말하면 '만신창이 애국가'가 돼버렸다.

작곡자 안익태의 친일·친나치 행적 논란

문제는 먼저 곡을 쓴 안익태의 친일 행적에 대한 논란으로부터 비롯한다. 안익태는 오랫동안 많은 역사학자, 사회운동가, 정치인들 사이에서 친일 행위자로 거론되어왔고, 마침내 2009년 11월에 간행된 4,389명의 《친일인명사전》에 이름이 공식 게재되기에 이르렀다.

여기에 따르면 이들 4,389명은 "을사조약(1905년) 전후부터 1945년 8월 15일 해방에 이르기까지 일본 제국주의의 국권침탈·식민통치·침략전쟁기에 일제에 적극 협력함으로써 우리 민족 또는 타민족에게 신체적·물리적·정신적으로 직·간접적 피해를 끼친 자" 중 선별 작업을 통해 친일파로 분류되었다. 안익태의 행적은 《친일인명사전》에 다음과 같이 기록되어 있다. 그 가운데 일부를 발췌하면 다음과 같다.

> "안익태는 1938년에 헝가리 부다페스트의 리스트페렌츠음악학교(Liszt Ferenc Academy of Music) 연구원에 교환학생으로 입학했다. 같은 해 2월 더블린방송교향악단 객원으로 나중에 〈한국환상곡〉으로 알려지게 되는 자작곡 〈교향적 환상곡 조선(Sinfonie Fantastique Korea)〉의 초연을 지휘했다. 8월경에는 헝가리 부다페스트교향악단을 지휘해 베토벤과 리스트의 작품 그리고 자작곡 〈한국환상곡〉을 연주했다.
>
> 1938년 〈관현악을 위한 환상곡 '에텐라쿠(越天樂)(Etnelaku, Phantasie für Orchester)'〉를 발표했다. 〈에텐라쿠〉로 알려진 이 작

품은 1959년 〈강천성악 (降天聲樂)〉으로 개작되었다. 안익태가 작곡한 〈에텐라쿠〉는 일본 아악곡인 '에텐라쿠'의 주제 선율을 그대로 차용한 관현악 작품으로, 코노에 히데마로(近衛秀麿)가 작곡해 국제적으로 알려진 관현악 작품 〈에텐라쿠〉(1931)와 미야기 미치오(宮城道雄)의 〈에텐라쿠 변주곡〉(1928)에 대비되는 작품이다. 원래 '에텐라쿠'는 일본 천황 즉위식 때 축하작품으로 연주된 것으로, 1878년 이후부터 근대 일본 창가로서 '남조 오충신(南朝 五忠臣)'이나 '충효(忠と孝)' 등 천황에 대한 충성을 주제로 한 일본정신이 배어 있는 작품이다.

안익태가 역작으로 자부한 〈에텐라쿠〉는 1938년에 발표된 이후 로마방송오케스트라 연주회(1939.4.30.), 불가리아 소피아 연주회(1940.10.19.), 독일협회(獨日協會) 빈 지부 주최의 빈심포니 연주회(1942.3.12.), 함부르크 연주회(1943.4.2.) 등에서 자신의 지휘로 계속 연주되었다. 1941년부터 독일 베를린으로 진출해 나치 제국의 제국음악원(Reichsmusikkamer) 총재이자 협력자였던 작곡가 리하르트 슈트라우스(Richard Straus)와 독일협회 후원으로 관현악단 지휘와 작품 발표를 활발하게 전개하면서 국제적인 음악인으로 부각되었다.

1940년 4월 슈트라우스는 일본 정부의 은사재단 기원 260년 봉축회와 내각 260년 기념축전 사무국이 독일 정부에 요청한 황기 260년 기념 봉축 음악을 작곡했다. 공식 곡명은 〈대관현악을 위한 일본 황기 260년에 붙인 축전곡(Festmusik zur Feier des 260jährigen Bestehens des Kaisereichs Japan für Großes Orchester, 작품 84)〉이다. 〈일본축전곡(Japanese Festival Music)〉으로도 알려져 있다.

이 곡은 일본해, 사쿠라, 후지산, 사무라이, 천황찬가 등 5개 주제로 구성된 14분 정도의 관현악곡으로, 같은 해 12월 도쿄 가부키좌(歌舞伎座)에서 164명이 연주하는 기원 260년 봉축교향악단에 의해 초연되었다. 독일권에서는 1941년 10월 초연되었고, 1942년 1월에 오스트리아 빈에서 빈교향악단이 연주했다. 1942년 3월에는 독일협회 빈 지부가 제안하고 리하르트 슈트라우스가 추천해, 빈에서 안익태가 지휘하는 빈심포니오케스트라의 연주로 〈에텐라쿠〉와 함께 공연되었다."

안익태의 친일 행적에 대한 논란은 오래됐다고 할 수는 없고 일제에 부역한 정황이 확인된 2000년대 들어서 시작되었다. 친일 의혹이 처음 제기된 것은 2006년 봄, 당시 베를린 훔볼트대학 음악학과에 유학 중이던 음악학자 송병욱 씨가 안익태의 친일 의혹을 제기하는 글을 음악전문지 〈객석〉에 게재하면서부터다.

송병욱 씨는 이 글에서 "안익태가 1942년 독일 베를린에서 만주국의 창립 10주년을 기념해 관현악곡 〈만주환상곡〉을 작곡·지휘했을 뿐 아니라 애국가의 원곡인 〈한국환상곡〉에서도 이 중 일부 선율을 그대로 사용했다"라고 주장했다(만주국은 일제가 만주사변을 일으킨 직후인 1932년에 세운 괴뢰 국가다). 또한, 독일 연방문서보관소 산하 영상기록보관소에서 발견한 7분짜리 '안익태 영상'을 공개하면서 "그가 옛독일 베를린필하모니 홀에서 지휘하는 이 동영상에는 지금까지 알려진 것과 달리 콘서트홀 중앙에 대형 일장기가 걸려 있고 〈만주환상곡〉을 지휘하는 모습이 담겨 일대 충격을 받았다"라고 토로했다.

이어서 2007년에 역시 음악학자 이경분 씨의 저서 《잃어버린 시간 1938~1944-세계적인 음악가 안익태의 숨겨진 삶을 찾아서》가 출간되며 안익태의 친일 의혹이 다시 점화되었다. 1938년부터 1944년의 7년간은 안익태 전기에 유럽에서 20여 회 〈한국환상곡〉을 연주했다고 기술되어 있는 기간이다. 안익태 탄생 100주년을 맞아 그의 독일 체류 시절을 연구하게 된 이경분 씨는 독일 현지 각종 문서보관소와 음악 관련 기록을 하나씩 발굴하며 '떳떳하지 못해서 숨기고자 했던' 안익태의 일독협회(日獨協會) 시절을 추적하면서 안익태가 일제에 협력한 사실을 밝히고 있다.

그런데 상기한 《친일인명사전》이 시사하는 바는 안익태가 친일에 이어, 일제와 동맹국인 독일의 나치 협력자들과 교류하면서 활발하게 연주 활동을 한 사실상의 '친나치'였다는 점이다. 친일만으로도 카운터펀치인데, 친나치는 그야말로 '게릴라 뒤통수' 격의 대충격이다. 그의 친나치 활동에 대한 논란은 2019년 1월 이해영 한신대 교수가 《안익태 케이스-국가 상징에 대한 한 연구》란 책을 통해 구체적으로 폭로하면서 촉발되었다.

이 책에서 이해영 교수는 "안익태가 나치 독일에서 유일한 조선 출신의 제국음악원 회원이었다"라며 "안익태는 베를린 주재 만주국 외교관이었던 에하라 고이치를 찾아가 그의 베를린 자택에서 1941년에서 1944년까지 머물렀으며 1944년 4월 파리에서 히틀러 생일 경축음악회를 지휘한 적도 있다"라고 주장했다. "전후 그가 사망할 때까지 프랑스 바로 옆 마요르카섬에 머물면서도 그가 환대받았던 프랑스 음악계에 단 한 번도 출연하지 않은 사실은 그가 프랑스의 '기피 인물'일지 모른다는 심증을 강화시킨다"라는 내용을 포함해서 이

국회 공청회 '안익태 곡조 애국가 계속 불러야 하나?'(2019.8.8.)

해영 교수는 곧이어 〈한겨레신문〉과의 인터뷰에서 이렇게 밝혔다. "60년 넘게 안익태의 유럽 행적이 은폐된 상황에서 그나마 친일 문제가 터진 것도 10년 정도밖에 안 됐다. 지금도 서점에선 여러 종의 '안익태 위인전'이 유통되고 있을 정도다. 하지만 이번에 확인된 나치 부역만으로도 프랑스에서는 사형감이다. 프랑스는 물론이고 영국, 미국 등에서도 비열한 부역자가 작곡한 노래를 '국가'로 부르는 상황은 불가능했을 것이다."

안익태의 친일·친나치 행적을 언급하는 측의 주장은 한마디로 '현재의 애국가는 국가로서 자격 없음'이라는 것이다. 이 일각의 '애국가 보이콧' 의견이 집적되어 나타난 것이 2019년 8월 8일 당시 국회 문화체육관광위원장 안민석 더불어민주당 의원이 주최한 긴급 공청회였다. 내걸린 공청회 제목이 '안익태 곡조 애국가 계속 불러야 하나?'였다.

안민석 의원은 기조 발언에서 "부끄럽지만 우리는 지금까지 친일 잔재를 확실하게 청산하지 못했습니다. 오늘 공청회는 그동안 우리가 인지하지 못하고 있었던 일제의 잔재를 다시금 진단하는 자리가 될 것입니다. 2009년에 발간된 친일인명사전에는 안익태 작곡가의 이름이 올라있지만, 그동안 나라를 상징하는 노래인 애국가의 작곡가가 어떤 사람이었는지 정확히 모르는 사람들이 많았으리라 생각됩니다. 그러므로 오늘의 공청회를 통해 안익태 작곡가에 대한 객

관적이고 냉정한 평가가 이루어지길 바랍니다"라고 말했다. 큰 테두리는 결국 '친일 잔재 청산'이고 한일 경제 전쟁이 고조되고 있는 그 시점이 역사적 과제인 친일 청산의 최적기라는 게 주장의 핵심이었다.

이 자리에서 김원웅 광복회장은 더 이상 안익태의 〈애국가〉를 불러서는 안 된다고 목소리를 높였다.

"친일은 분명히, 그리고 단호하게, 단죄되어야 합니다. 안익태의 친일, 더 나아가 일독협회를 통한 나치 부역 행위는 그 죄상이 너무도 명백하고 가증스럽기까지 합니다. 그런데 친일 부역자가 작곡한 애국가를 우리는 오늘날도 부르고 있습니다. 하늘에 계신 순국선열들 앞에서 너무나 송구할 따름입니다. 안익태의 친일·친나치 부역 행위의 진실은 너무도 오래 베일 속에 감춰져 있었습니다. 특히 1938년에서 1944년까지의 만주환상곡 작곡을 비롯한 적극적인 문화선전 프로파간다 활동은 커다란 충격을 안겨주었습니다."

이어서 "그 사실을 알고부터 '안익태 곡조'의 애국가는 더 이상 부를 수 없었습니다. 자라나는 아이들이 안익태 곡조의 애국가를 계속 부를 것이라고 생각하니 너무도 부끄럽고 또 부끄럽습니다. 이제는 잘못된 과거를 바르게 청산해야 합니다"라고 결론지었다.

이날 공청회에서는 친일·친나치 행적뿐 아니라 안익태의 애국가가 실은 불가리아의 민요 〈오 도브루잔스키 크라이(오 도브루자의 땅이여)〉와 상당 부분 유사해 사실상의 표절이라는 주장도 나왔다. 김정희 한국예술종합학교 교수의 발제에 따르면 두 곡 간에 선율의 유사성이 매우 높고 애국가에 등장하는 음(音) 57개 가운데 〈오 도브루잔스키 크라이〉와 일치하는 음이 변주된 음까지 포함해 41개로 무려 72%가 유사하다는 것이다.

이 의혹은 새롭지 않다. 아주 오래전인 1964년, 생전의 안익태가 추진한 서울국제음악제(3회)에 초대된 불가리아계 미국인 지휘자 피터 니콜로프는 〈애국가〉의 가락이 〈오 도브루잔스키 크라이〉와 흡사하다며 표절 의혹을 제기했다. 그는 기자회견을 열어 "만약 불가리아 사람들이 한국에 와서 '오 도브루잔스키 크라이'를 부른다면 한국인들은 자리에서 일어날 것"이라고 발언하기도 했다.

보수 진영의 반격

이런 주장에 모두가 고개를 끄덕이는 것은 결코 아니다. 진보와 보수의 갈등이라고 단정 지을 수는 없지만, 〈애국가〉 '반대'와 '퇴출' 여론에 다른 진영은 강력하게 반발하고 있다. 〈애국가〉를 두고 벌이는 공방 역시 긴 세월에 걸쳐 계속되고 있다.

먼저 표절이라는 주장에 대해서도, 안익태가 유럽에 간 시점이 1936년이고 그 전해인 1935년에 〈애국가〉를 작곡했기 때문에 불가리아 민요를 접했다고 보기는 어려우며 무엇보다 전체적으로 선율의 흐름이 다르다고 말하는 사람들이 많다. 안익태기념재단 김형석 연구위원장은 저서 《안익태의 극일 스토리-애국가로 일본을 덮다》에서 "이 표절 의혹은 1976년 음악학계에서 사실무근으로 이미 판명된 것"이라고 강조했다.

《안익태의 극일 스토리》는 실은 이해영 교수가 《안익태 케이스》를 통해 주장한 내용을 반박하는 책으로, 요지는 이해영 교수의 주장이 왜곡으로 점철되어 있다는 것이다. 하나 예를 들면 '안익태 선생이 독일정보망 총책임자로 알려진 에하라 집에 머물렀다는 이유만으로 선생을 특수공작원으로 보는 것은 억측'이라는 것이다. 이와 함께 미국이 안익태를 나치로 간주하고 2년간 입국 금지했다는 주장도, 1946년 1월 3일 미국 국방부 소속 번즈라는 인물이 바로셀로나 미국 영사관에 보낸 문서에 따르면 허구라는 것이 명확해진다고 강조했다. 문서에는 안익태의 비자 발급에 보안상 반대는 없다고 돼 있다는 것이다. 또 독일제국음악원 회원을 나치로 치부하는 것도 견강부회라는 주장이다. 김형석 위원장은 "제국음악원 회원이 무려 17만 명에 이른다. 회원증은 지휘자 겸 작곡가로 일하는 데 필요한 취업 허가증이었다"라고 설명했다. 그는 결론적으로 "안익태에게 오명이 덧씌워졌고, 안익태에 대한 비방은 언론과 교육계를 중심으로 친일 청산이라는 명분하에 애국가 바꾸기 논쟁으로 비화

됐다. 그 결과 우리 사회 일각에서는 새로운 애국가 제정을 둘러싼 주장이 난무하고 있다'라고 역설했다.

친일, 친나치 등등 계속되는 안익태 때리기 흐름은 전혀 근거 없는 허위라는 반론은 김승열 음악칼럼니스트이자 안익태기념재단 연구위원이 2019년 〈월간조선〉 7월호에 게재한 글에도 나타난다. 이해영 교수가 주장한, 프랑스의 기피 인물일지 모른다는 심증에 대해서 "안익태는 2차 세계대전 종전 후 프랑스 음악계에 출연한 적이 있다. 1961년 2월 2일 목요일 밤 9시 파리 샹젤리제 극장에서 안익태는 당시 프랑스 최고 악단 파리음악원오케스트라를 객원 지휘했다"라며 반증을 제시했다. 안익태가 결코 프랑스의 기피 인물이 아니었다는 것이다. 또한, 안익태가 히틀러 생일 경축음악회를 지휘했다는 것도 터무니없는 설로 규정한다.

"히틀러의 생일과 전야인 1944년 4월 19일과 20일에 파리 샹젤리제 극장에서 히틀러 생일 경축음악회를 지휘한 사람은 헤르베르트 폰 카라얀(1908~1989)이지, 안익태가 아니었다. 카라얀은 나치당원에다 극렬 나치주의자이기에 히틀러 생일 경축음악회를 지휘했던 것이다."

"안익태는 살 플레이엘이라는 파리의 다른 연주회장에서 1944년 4월 14일과 18일, 21일에 파리음악원오케스트라를 이끌고 베토벤 페스티벌을 주재했을 뿐이다. 당시 프로그램 또한 보유하고 있는 필자는 그 어떤 히틀러 생일 경축음악회라는 언급도 발견할 수 없었다. 게다가 안익태는 카라얀처럼 나치당원도 아니었다. 당시 17만 명 넘게 가입되어 있었다는 제국음악회원일 뿐이었다."

김승열 위원은 《잃어버린 시간 1938~1944》에서 이경분 씨가 펼친 주장도 독단의 추정이라고 했다. 천황의 생일인 1940년 4월 30일에 있었던 로마연주회가 3국(독일·일본·이탈리아) 동맹 연주회였다면 일본의 대표로 나선 안익태가 〈한국환상곡〉을 연주했을 리 만무하며 홍보용 팸플릿에 실린 네 편의 비평문에서도 그는 일본 음악가로 활동한 것으로 되어 있으니 여기서도 〈한국환상곡〉이 연주되었을 가능성 또한 희박하다는 설에 대해, 2009년 음악학자 허영한의 연

안익태 흉상(헝가리 부다페스트시민공원)

구를 들어 이날 안익태는 〈한국환상곡〉을 분명히 지휘했다는 것이다. 그는 "이와 같은 잘못된 추정 위에 쌓아 올린 안익태 연구가 안익태를 친일인명사전에 등재시키는 주된 근거였다고 생각한다"라고 밝히고 있다.

작사자도 미상, 윤치호냐 안창호냐

작곡자의 정체성에 대해서도 이러쿵저러쿵 갑론을박이 한창인데 더욱이나 가슴 아픈 것은 작사자가 누구인지도 아직 확실히 밝혀지지 않고 있다는 사실이다. 국사편찬위원회의 공식적인 입장이 '작자 미상'이다. 한 나라의 국가를 누가 작사했는지도 모른 채 노래를 부른다는 것은 곡이 나온 지 수백 년이 된 것도 아닌 비교적 근래의 작품이라는 점을 감안한다면 참으로 비극이다.

이 말은 〈애국가〉의 노랫말이 어떤 정황에서 어떤 의도로 쓰였는지를 알 수 없다는 뜻이다. 후대에 국가의 상징을 설명하거나 가치를 대물림할 때 의미를 갖는 중요 정보가 지극히 허술한 처지인 것이다. 저작권료 배분이 작사 50%, 작곡 50%인 것처럼 곡의 두 축인 작사, 작곡 가운데 작곡만 문제가 된 것이 아니라 작사도 마찬가지란 점에서 〈애국가〉는 위기 정도가 아니라 상처투성이라고 해도 과언이 아니다.

작사 또한 논란에 휩싸인 상태에서 '작자 미상'으로 잠정적 결론을 내린 상황이다. 크게 보아 작사자가 윤치호라는 설과 안창호라는 설, 두 주장이 팽팽히 맞서고 있다. 역사학자와 관계자들의 의견을 종합하면 윤치호 쪽이 더 가까운 듯 보인다. '윤치호 설'은 윤치호가 〈애국가〉의 가사를 1907년에 지어 나중 자신의 이름으로 낸 《찬미가》라는 가사집에 수록, 출판했다는 강력한 역사적 증거에 기초하고 있다.

우리가 현재 사용하고 있는 〈애국가〉는 윤치호가 쓴 15곡의 가사가

윤치호

안창호

실린 이 작품집에 게재된 것이다. 일제강점기 시절 나온 〈애국가〉 출판물들도 대부분 윤치호를 작사자로 기록했다는 사실, 본인도 〈애국가〉 가사가 적힌 종이에 친필로 '윤치호 작'이라고 썼다는 사실도 강조된다. 증거가 많은 셈이다.

물론 혹자는 윤치호와 정동감리교회 목사 최병헌의 합작이라는 증언을 내놓기도 했고, 대한민국임시정부에 참여한 안창호가 윤치호가 써놓은 것을 일부 수정하여, 사실상 둘이 같이 만들었다는 설도 있다. '안창호 설'을 지지하는 사람들은, 〈애국가〉의 기조가 계몽적이라는 점에서 계몽성이 강했던 안창호가 쓴 게 맞는다고 보며 실제로 안창호가 〈애국가〉를 전 국민에게 보급하는 데 앞장섰다는 점에 주목한다.

독립운동의 역사를 연구해온 신용하 서울대 명예교수는 대한민국학술원 발간 《학술원통신》 2018년 4월 제297호에 실린 글 '애국가 작사는 누구의 작품인가'에서, 그간에 나온 사료와 증언이 아니라 도산 안창호와 좌옹 윤치호가 남긴 글과 〈애국가〉 가사의 연관성을 바탕으로 〈애국가〉는 안창호 작(作)이라고 주장했다. 〈한양가〉〈조국의 영광〉〈대한청년학도들아〉〈거국가〉 등 도산이 20여 편의 애국 계몽 가사를 남겼다는 점을 들어 〈애국가〉는 국민과 민주주의, 애국을 역설한 도산의 가사일 확률이 높다는 것이다. 사상적 맥락으로 '안창호 설'을 지지한 셈이다.

하지만 곧바로 김연갑 한겨레아리랑연합회 이사는 신 교수의 주장에서 선행 연구 검토, 사료의 교차 검증, 학문적 양심이 없이 권위만이 읽힌다고 통박하면서 "애국가는 절대 도산 안창호의 작품일 리 없으며 좌옹 윤치호가 작사한 게 맞다"라고 강조했다.

"윤치호는 황실을 존중하고자 했기 때문에 애국가 가사를 지었을 가능성이 거의 없다"라는 신용하 교수의 말에서 알 수 있듯 '윤치호 애국가'를 인정하지 않는 측은 그가 독립운동 지지 후 전향하면서 30여 년간 일본의 식민 지배를 위해 나섰으며 말년에는 일본제국의 관료로 일한 부역 행적을 도저히 용서할 수 없다는 사고를 공유한다. 결국, 작곡과 더불어 작사 또한 친일이 문제가 된 셈이다.

'윤치호 설'이 유력한 가운데 1955년 국사편찬위원회는 '윤치호 단독 작사설'을 놓고 심의했다. 김연갑 이사는 "여기에서 조사위원 19인 중 13인이 출석한 자리에서 작사자를 윤치호로 확정 발표하자는 것에 대해 표결했다. 결과는 윤치호 '확정 11 대 미확정 2'로 나왔다. 확정을 반대한 이유는 '내가 작사자다'라고 주장한 김인식이 생존해 있고, 만에 하나 '거부할 수 없는 명백한 증거를 제시하고 타 작사자가 출현하는 일이 있을지 모른다는 것을 가정'해서였다"라고 밝혔다. 그리고 다시 한번 절대 '윤치호 11 대 안창호 2'가 아니었다고 강조했다. 결국, 찬성 11표, 반대 2표로 만장일치를 끌어내지 못하여 윤치호로 특정하지 못했고 미상으로 남게 된 것이다.

저작권 문제

〈애국가〉가 국가의 상징임에도 불구하고 오랫동안 우리가 권리를 행사하지 못했다는 점을 아는 이는 많지 않을 것이다. 엄연히 작곡자가 존재하고, 또 어떤 형태로든 상업적 환경에도 적용될 수 있기 때문에 〈애국가〉에는 저작권이 발생한다. 지금은 달라졌지만, 오랫동안 〈애국가〉의 저작권은 스페인 국적자인 안익태의 아내 로리타 탈라벨라(로리타 안)에게, 그리고 그의 사후에는 손녀에게 귀속되어 있었다. 생애 후반을 스페인에서 보낸 안익태의 집(안익태기념관) 역시 스페인의 마요르카섬 휴양지에 있다. 즉, 한국 〈애국가〉의 저작권이 외국에 있는, 조금은 우스꽝스러운 상황이었다.

한국과 스페인 모두 국제저작권조약에 가입해 있어 양국이 서로 신탁단체를 통해 관리해왔다. 우리 측 관리의 주체는 한국음악저작권협회(KOMCA)다. 안익태의 손녀는 1992년부터 한국음악저작권협회 신탁을 통해 저작권을 행사했다. 이에 지금은 촌극이라 할 일이 2001년에 터졌다. 한국음악저작권협회가 축구경기장에서 저작권료를 내지 않고 〈애국가〉를 튼 것은 「저작권법」 위반이라며 당시 프로 축구단인 부천에스케이와 대전시티즌을 고소한 것이다. 2001년 개정된 「저작권법」에 따르면 프로스포츠 경기장에서 상업적 목적으로 음악저작물을 방송할 때는 저작권료를 지불해야 하며 그 대상에 〈애국가〉가 포함되는 것은 당연했다. 프로스포츠 경기장은 물론이고 텔레비전 방송이 시작되거나 끝날 때 나오는 〈애국가〉도 모두 저작권료 징수 대상이었다. 실제로 한국음악저작권협회는 2001년 〈애국가〉 사용과 관련해 방송사와 프로 구단 등으로부터 약 700만 원의 저작권료를 징수해 이 중 400여만 원을 저작권자인 안익태의 유족에게 분배했다.

이후 문화체육관광부가 나서서 정부가 〈애국가〉 저작권을 일괄 구입할 것을 요청하는 등 '불편한 진실'이라고 할 〈애국가〉 저작권료가 이슈로 부상했다. 당시 네티즌들은 '어떻게 국가의 상징체계에 속하는 국가(國歌)를 무상으로 사용하지 못하는가?'라며 이의를 제기했고 온라인상에 잇따라 항의성 글을 올리기도 했다.

결국, 안익태의 유족은 〈애국가〉 관련 저작권 전부를 무상으로 대한민국 정부에 양도했다. 2002년 한일 월드컵 전에 이 문제를 풀려고 했지만 미뤄진 끝에 2005년 마침내 안익태의 〈한국환상곡〉 가운데 〈애국가〉만을 떼어내 저작권 문제를 해결한 것이다.

한편 2000년 문성근, 최용민, 강신일, 박광정, 민승욱, 이성민 등 내로라하는 톱 배우가 총출동해 초연된 연극 '마르고 닳도록'은 놀랍게도 〈애국가〉 저작권 문제를 다뤘다는 점에서 기념비적인 작품이다. 전제도 재미있을뿐더러 그것을 마피아라는 집단을 끌어들여 극을 구성한 것이 너무도 기발하다.

1965년 9월 17일 마요르카심포니 상임 지휘자이자 〈애국가〉의 작곡자 안익태 선생이 돌아가셨다. 동시에 마요르카 마피아는 기발한 착상을 한다. '애국가에도 저작권이 있을 것이다!' 마요르카 마피아는 한국 정부로부터 막대한 〈애국가〉 저작권료를 받아낼 음모를 꾸미고 한국으로 원정대를 파견한다. 그러나 한국 정부는 아무것도 모른다.

스페인 마피아들은 반드시 한국으로부터 돈을 챙기겠다는 집념 아래 이후 36년간 다섯 차례나 '고난의 원정대'를 한국에 파견한다. 반드시 저작권료를 받기 위해서 대한민국을 '마르고 닳도록' 방문한 것이다. 하지만 시점 시점마다 굵직한 사건이 생기면서 그들은 뜻대로 저작권료를 챙기지 못했다. 마피아들의 처절한 몸부림을 통해 실제로는 1965년 이후 격랑의 대한민국 현대사를 이야기하려는 것이 작품의 의도였다.

〈애국가〉를 바꾼다?

〈애국가〉 작사자·작곡자의 친일 행적과 관련, 일각에서는 문제투성이의 〈애국가〉를 조금도 입에 올리기 싫어하게 되면서 대체와 대안의 논의도 활발하게 전개되었다. 진보 진영의 대안으로는 5·18

광주항쟁을 상징하는 저항가요 〈임을 위한 행진곡〉이 오랫동안 거론되어왔고, 노무현 정부 때는 공식 행사인 5·18 기념식에서 이 노래를 제창했다. 그전 같으면 〈애국가〉를 불렀을 것이다.

이명박·박근혜 정부 때는 다시 노무현 이전으로 회귀해 2009년 이명박 정부는 5·18 기념식에서 〈임을 위한 행진곡〉을 제창 아닌 합창으로 바꿔 논란을 야기했다. '합창'은 사실상 노래를 따라 부르지 않아도 되는 개념이다. 이 상황이 2016년까지 계속되었고 2017년 문재인 정부가 출범하고 나서야 5·18 기념식에서 8년 만에 '합창에서 제창으로' 롤백(rollback) 했다.

〈임을 위한 행진곡〉은 심지어 홍콩의 '범죄인 인도 법안(송환법)' 반대 시위에서도 울려 퍼져 '국제성'이 입증되었다. 진보 계열의 인사들은 비공식석상에서 지속적으로 세계 노동자의 가요로 뻗어가고 있는 〈임을 위한 행진곡〉이 〈애국가〉를 대신해야 한다는 의견을 피력하고 있다. 이미 개혁진영의 행사들에서는 〈임을 위한 행진곡〉이 의식(儀式)의 노래로 자리를 잡았으며, 이 노래도, 〈애국가〉도 없이 묵념만 하는 추도식도 꽤 많다. 어쨌든 각종 행사에서 생략되고 있는 〈애국가〉의 '수난'인 것은 틀림이 없다.

또한, 임진택 판소리 명창은 친일파 〈애국가〉 말고 〈아리랑 애국가〉를 부르기를 제안한다. 이 제안의 대전제는 이미 언급한 바와 같이 "우리나라는 아직 국가를 공식 제정한 바가 없다. 현재 불리는 '안익태 애국가는 공식적인 국가가 아니다. 애국가에 관한 현행 규정은 대통령훈령 제368호로 '국민의례 규정'이고, 법률적 근거는 전혀 없다"라는 점에 있다. 그는 "국가와 애국가는 개념이 다르고 국가는 하나여야 하지만 애국가는 여럿이어도 상관없다는 점, 이 점을 전제할 필요가 있다"라고 말했다.

그가 〈아리랑〉을 내거는 이유는 민족의 영혼이 담겨 있고 〈애국가〉 이상으로 시공을 초월해 사랑받는 가락이기 때문이라는 것.

"아리랑 그 가운데에서도 '나운규 아리랑'은 1926년 영화 상영 이후 오랜 시간 우리 국민 사이에서 애국가 이상으로 사랑받아 왔다. 일제강점기는 물론 해방 이후에도 한국 사람 누구에게나 사랑받은 곡이다. 특히 해외 동포에게 아리랑의 영향력은 애국가보다 더 클 것이다. 적잖은 외국인도 아리랑을 알고 있다. 우리의 역사성과 특수성, 보편성을 모두 갖춘 곡이다. 지역과 파벌, 좌우, 세대를 가리지 않고 누구나 알고 좋아한다."

그는 "아리랑을 우리 애국가로 부르면 이른바 친일 애국가 논란을 깔끔히 넘어설 수 있지 않나"라고 덧붙였다.

〈애국가〉는 건재하다

그러면 〈애국가〉는 많은 국민에게 외면 혹은 버림을 받고 있는 걸까. 〈애국가〉에 대한 회의가 일각에서 깊어가는 것과 무관하게 우리 국민과 〈애국가〉의 연결고리는 여전히 강한 것으로 보인다. 혹자는 이것을 오랜 관습의 결과로 풀이한다. 2019년 《습관의 문법》을 출간한 강준만 전북대 교수의 말대로 '독재자인 습관'의 지배를 받기에 70년의 장구한 세월을 습관처럼 불러온 〈애국가〉를 지우기란 쉽지 않을 것이다. 한 중견 음악가는 "여러 문제가 있다는 것을 알지만 그렇다고 애국가를 바꾸기에는 너무 늦은 것 아닌가"라고 했다.

습관도 습관이지만 그 속에 무의식적으로 축적된 애국심도 분명 한 몫을 한다. 특히 후대가, 젊은 층이 〈애국가〉에 호의를 보이면 〈애국가〉가 습관화된 중장년층은 흐뭇해한다. 2019년 6월 한국 축구에 새바람을 일으킨 이강인 선수를 봐도 그렇다. 국제축구연맹 20세 이하 월드컵에서 한국은 준우승에 그쳤지만, 그는 대회에서 2골과 4도움이라는 발군의 활약을 펼쳐 대개 우승팀 선수에게 주어지는 MVP '골든볼'을 수상했다. 특히 어린 막내임에도 의젓해서 그에게 붙은 '막내형'이란 별명도 인구에 회자되며 그의 인기 상승을 부채질했다.

당시 언론은 이강인이 국민적 센세이션을 일으킨 바탕은 말할 것도 없이 실력이지만 '애국심'도 영향을 미쳤다고 분석했다. 한 신문 보도를 보자(경향신문, 2019. 6. 16.).

이강인

"어린 나이에 스페인으로 온 가족이 이주해 사춘기 전부를 보냈지만, 조국을 향한 애정은 변함없다. 이강인의 정강이 보호대와 축구화에는 가족이 직접 그려준 태극마크가 선명하고, 경기가 열릴 때면 목 놓아 애국가를 부른다. 그가 5일 일본과의 16강전을 앞두고 '동료, 관중, 팬들이 모두 애국가를 크게 불러줬으면 좋겠다!'라고 말한 대목은 축구 팬들 사이 '강인 앓이'의 시작이기도 했다. 이날도 이강인은 애국가를 그 누구보다 크게 부르면서 붉은 악마들의 환호성을 자아냈다."

함께 뛴 대표팀 주장 황태현은 한 인터뷰에서 이 이야기를 이렇게 전했다. "강인이가 저한테 부탁을 한 게 있어요"라며 "내일 일본 16강전에 경기장을 찾는 팬분들이 있다면 애국가를 크게 불러서 시작부터 압도했으면 좋겠다는 말을 했습니다"라고. 이러니 호평이 쏟아지지 않을 수 없다.

많은 축구 팬들은 '근래 듣기 쉽지 않은' 이강인의 당부에 "집에서 보면서도 애국가를 크게 부르겠다" "이강인은 근본이다" 등의 글을 올리며 응원을 약속했다. 그 무렵 이강인과 〈애국가〉 이야기를 접한 어른들 사이에선 "어린 친구가 너무 기특하고 예쁘다"라는 칭찬이 끊이지 않았다.

2018년 2월 평창올림픽 개회식 무대를 장식한 한국 최초의 다문화 어린이합창단 레인보우합창단의 얘기도 다르지 않다. 이날 합창단은 〈애국가〉를 불렀다. "다양한 나라 출신 아이들이 애국가를 부르니 더욱 뜻깊다"라는 글이 무수히 올라왔다. 2009년에 레인보우합창단을 창단한 한국다문화센터 김성회 대표는 레인보우합창단원들이 속초에 숙소를 마련하고 연습하던 중 속초 중앙시장을 찾았을 때의 일화를 들려줬다.

"피부와 눈동자 빛깔이 다른 어린이들이 무리 지어 지나가자 호기심을 느낀 한 상인이 '너희는 어디서 왔니?'라고 물었습니다. 단원 중 누군가가 '저희는 올림픽 개막식에서 애국가를 부르려고 서울에서 왔어요!'라고 대답하자 그 상인은 눈이 휘둥그레지면서 '너희가 애국가를 알아?'라고 재차 묻더군요. 그 단원이 '그럼요'라는 대답과 함께 애국가를 부르자 다른 아이도 모두 따라 불렀죠. 인근 상인도 모두 몰려나와 감상한 뒤 박수를 치며 격려를 아끼지 않았답니다. 그때부터 아이들은 애국가를 의식 때 쓰이는 노래가 아니라 신나고 즐거운 K팝처럼 여기고 거리에서나 버스에서나 틈만 나면 흥얼거렸죠."

글로벌 무대에서 성가를 드높이고 있는 K팝도 곧잘 〈애국가〉와 연결되곤 한다. 심지어 간혹 K팝 스타들의 해외공연 전에 〈애국가〉가 울려 퍼지기도 한다. 우리 기획사에서 준비한 게 아니라 방문한 나라의 담당자들이 마련해준 것이다. 그 나라를 대표하는 가수임을 인정하는 방식이라고 한다.

확실히 〈애국가〉는 대한민국의 대표성을 갖는다. K팝 덕에 〈애국가〉를 인지하게 된 어린 외국 팬들이 늘어나고 있다. 2019년 3월 문화체육관광부와 한국저작권위원회가 공개한, 서울시립교향악단과 서울시합창단이 제작한 새 〈애국가〉 영상에는 방탄소년단(BTS) 퍼포먼스 장면이 나온다.

〈애국가〉가 바뀌는 것을 원치 않는다!

〈애국가〉에 대해 국민 사이에선 어느 정도는 신성시하는 분위기가 있다. 노래 부를 때도 비장한 마음이 들고, 길 가다가도 〈애국가〉가 울려 퍼지면 '동작 그만' 부동자세를 취한 경험을 기성세대는 공유하고 있다. 〈애국가〉를 장난스럽게 부르거나 〈애국가〉가 흘러나올 때 떠드는 사람은 비난을 받는다. 일종의 '애국가 엄숙주의'다.

〈애국가〉를 경건하게 여기는 사람이 적지 않음을 알려준 사례가 2006년 한국 축구대표팀 평가전 직전 열린 축하콘서트에서 록밴드 와이비(YB, 윤도현밴드)가 록으로 편곡한 〈애국가〉를 불렀을 때의 일이다. 〈애국가〉를 월드컵 응원가로 변형시킨 것인데, 이 버전은 한 이동통신사 TV 광고의 음악으로도 쓰여 커다란 논란을 일으켰다.

누리꾼들도 찬반 여론이 갈린 가운데 "애국가의 상업적 사용은 적절치 않다" "애국가는 응원가가 될 수 없으며 실제로 YB의 록 버전 애국가는 응원가로 부르기 어렵다" "경건한 애국가를 응원가로 만드는 것은 일종의 모독"이라는 등등 반대 의견들 못지않게 "친근하게 다가와 좋다" "엄숙주의보다는 실용주의가 낫다. 애국심은 같은 것 아닌가"라며 찬성에 손을 든 사람들도 많았다. 당시 한 여론조사는 '록 버전 애국가 찬성' 의견이 70%에 달할 정도로 압도적이었다.

그룹의 리더인 윤도현은 한 신문과의 인터뷰에서 이 논란에 안타까움을 드러냈다.

"사람들 비판의 요지는 두 가지였어요. 우선 경건한 애국가를 응원가로 썼다는 것. 그런데 이런 식의 비판은 너무 고리타분한 것 같아요. 애국가는 나라 사랑하자는 노래인데, 애국하는 마음으로 부르면 되는 것 아닌가요? 또 하나는 애국가를 왜 상업적 광고에 썼느냐하는 점인데, 그건 이동통신사에 물어봐야죠."

안익태기념재단은 처음 록 버전 〈애국가〉와 상업광고 사용에 대해 거부감을 나타냈지만, 당시 김형진 재단 이사장은 "선율 자체를 그렇게 왜곡시킨 것은 아니기 때문에, 그리고 이것이 영원히 록 버전으로 애국가를 부르는 것은 아니기 때문에, 국민 모두가 많이 애국가를 사랑할 수 있는 동기가 된다면 서로 협조하기로 했다"라며 수용 입장을 밝혔다.

모든 전문가가 동의하는 공론화 작업

확실히 안익태 〈애국가〉에 대한 부정적 여론은 존재한다. 보이콧, 대체 그리고 대안 여론이 즐비하고 줄기차다. 한국민족음악학자 고 노동은 교수는 한때 "친일로 얼룩진 기존의 '애국가'는 폐기하고, 새로운 애국가가 나와야 한다"라며 대안의 필요성을 주창했다. 이어 "새로운 작곡이 될 것이고, 기존 애국가의 가사는 살리고 작곡만 새로 하거나 시대정신을 담아 가사까지 다시 쓸 수도 있을 것"이라고 구체적 방식까지 논하기도 했다.

'새 애국가'는 오로지 일각의 주장에 불과한 것일까. 법적으로 지정된 국가가 없다는 점에 기초해 애국가를 새로이 만들자는 정부 차원의 움직임도 있었다. 1960~70년대에도 새로운 애국가를 제정하자는 운동이 있었고, 전두환 정권 때에도 국가(國歌)제정위원회를 구성해 〈애국가〉의 가사와 감상적인 곡조의 문제점을 들어 새 국가를 만들려고 했다. 새로운 국가를 만드는 문제는 보수와 진보 양쪽 모두 필요성을 느껴왔음을 알 수 있다.

그럼 국민의 생각은 어떠한가. 작곡자의 친일·친나치 행적 의혹이 빗발친 2019년 1월 기독교방송(CBS)의 의뢰로 〈애국가〉 교체에 대한 리얼미터 국민여론조사가 있었다. 결과는 '반대(매우 반대 28.7%, 반대하는 편 30.1%)' 응답이 58.8%로 '찬성(매우 찬성 11.7%, 찬성하는 편 12.7%)' 응답(24.4%)의 두 배 이상으로 나타났다.

세부적으로는 소폭 우세의 진보층과 호남을 제외한 대부분의 지역과 연령층에서 반대가 높게 나타났다. 심지어 40대와 20대 그리고 더불어민주당과 정의당 지지층에서도 〈애국가〉 교체를 반대하는 의견이 우세했다. 이 조사에 따르면 우리 국민은 〈애국가〉가 바뀌는 것을 결코 환영하지 않는다는 것을 알 수 있다.

〈애국가〉에 대한 이런저런 얘기들, 갑론을박이 쏟아져 나오는 가운데 이것을 풀어가는 방식에 대해서 학자, 전문가, 관계자들의 의견이 모이고 있다. 〈애국가〉에 대한 포용과 배제, 유지와 교체 의견이 첨예하게 대립하는 가운데 어느 한쪽의 결론보다는 정확한 자료를 찾고 연구하면서 공론화 과정을 통해 이를 국민에게 알리고 동의를 구하는 작업을 지속적으로 해야 한다는 것이다.

이 부분은 〈애국가〉의 교체를 주장하는 측과 교체 불가를 역설하는 측 모두 필요성에 공감하고 있다. 사실 '과거'는 섣불리 단정할 수 없고 단정해서도 안 되는 것이므로 정확한 자료와 진영논리를 벗어난 합리적 해석과 판단이 요구된다. 그래야 〈애국가〉 논쟁에 깃들어있는 보혁 갈등의 요소를 넘어설 것이다.

〈애국가〉 폐기를 주장한 이해영 교수도 안익태에 대한 정확한 기록과 자료를 챙기기 위해 정부 차원에서 이 작업이 진행돼야 한다고 주장했다.

"지금까지 안익태 행적 관련 사실관계가 70% 정도밖에 밝혀지지 않은 것 같다. 정부에서 정식으로 독일 연방문서보관소에 있는 안익태 파일을 복사해오고, 영상자료도 사본을 확보해야 한다. 알려지지 않은 자료가 있는지도 조회를 요청하는 등 정부 도움이 필요한 시점이다."

국회 행정안전위원회를 통해 공론화해볼 계획도 밝혔다.

사실상 처음으로 안익태 친일 행적에 대한 논란을 야기한 송병욱 씨도 공론화에 대한 공감 의견을 피력한 바 있다.

"계속 연구가 필요한 부분인데, 안익태 선생의 인터뷰 내용, 그가 스승 슈트라우스와 주고받은 편지 등을 근거로 판단해볼 때 그가 당시 일본과 가까운 거리에 있었던 것으로 보인다. 그러나 안익태 선생을 친일파로 바로 연결하려는 듯한 일부 언론의 성급함에는 우려를 표하고 싶다. 나는 안익태 선생을 훌륭한 서양음악의 선구자라고 생각한다. 지금 애국가 재검토 얘기가 나오는데, 이는 너무 섣부른 판단이라고 생각된다.”

그는 또한 “안익태 선생에 대해 알려지지 않은 부분이 많은 상황에서 이를 먼저 제대로 파악하는 작업이 필요하다. 이런 연유로 1938년부터 1945년까지 7~8년간의 행적에 대해 면밀히 고찰하는 것이 반드시 필요하다. 유족들에게 어떤 모욕을 주겠다는 의도가 전혀 없음에도 그렇게 비칠까 봐 개인적으로 매우 걱정스럽다”라고 강조하기도 했다.

《친일인명사전》발간 10년을 맞아 2019년 12월 YTN 라디오의 '이동형의 뉴스! 정면승부'가 진행한 방학진 민족문제연구소 기획실장과의 인터뷰에서 방학진 실장도 “안익태 작곡가의 애국가를 계속 불러야 하느냐 이런 논란도 있습니다만, 보수 진영에서 강력하게 반발하고 있는 부분인 것 같은데…”라는 질문에 이렇게 답했다.

“이건 민감한 부분이기는 한데요. 그렇지만 안익태의 애국가 문제는 표절 시비 또는 작곡가 안익태의 친나치 시비가 오랫동안 돼왔기 때문에 이것을 부른다, 부르지 말자고 하는 결론부터 내지 말고 안익태의 친일 행적에 대해서, 친나치 행적에 대해서 공론회장을 만들어서 계속 토론하는 게 중요하다고 봅니다. 여기서 멀지 않은 숭실대학교에 가면 음악대학교 이름이 안익태기념관이거든요. 그러면 안익태기념관이라고 하는 음악대학이 있는 숭실대학교, 그 기념관 내에서 안익태의 이런 문제, 애국가, 논란이 되는 문제를 공동으로 연구하고 토론하고, 정치 영역이 아닌 순수한 학술의 영역에서 토론이 지속적으로 됐으면 좋겠습니다."

중국의 국가 〈의용군 진행곡〉

중국의 국가 〈의용군 진행곡(義勇軍進行曲)〉에는 중국의 근현대사가 압축되어있다. 1935년 중국을 침입한 일본제국에 대항해 만들어진 이 항일 군가는 기나긴 국공 내전을 거쳐 1949년 승리한 공산당의 상징이 되었고, 지금까지 중국을 상징하는 노래로 쓰이고 있다. 작사자는 톈한, 작곡자는 녜얼이다. 일부에서 제기된 조선 작곡가 정율성의 작품이라는 주장은 그릇된 것으로 밝혀졌다.

청 왕조 멸망 후 군벌들이 난립하며 혼란의 시기를 겪던 중국은 국민당의 장제스가 1928년 '북벌'을 완수하며 중화민국이라는 이름을 얻었다. 1921년 천두슈, 리다자오에 의해 창립된 중국 공산당 역시 통일의 대업을 위해 국민당과 함께하였으나, 곧 국민당의 강력한 공산당 토벌을 가리키는 '초공 작전'으로 엄청난 피해를 본다. 그러나 1935년 대륙을 노리던 일본제국이 중국을 침략하며 이념보다 국가의 명운이 우선시되는 상황이었다.

원래 〈의용군 진행곡〉은 상하이의 히트 영화 '풍운아녀'의 주제가로
작곡되었다. 중화민국을 지키기 위해 전국 각지에서 상경하는 의용
군들의 힘찬 발걸음을 응원하는 군가였으며, 실제로 국민당의 국민
혁명군 200사단의 사단가로 쓰이기도 했다. '노예가 되기를 거부하
는 자들이여, 일어나라!/ 중화민족에게 가장 위험한 순간이 닥쳐올
때/ 억압받는 이들에게 최후의 함성이 터지리라'라는 선동적이고도
애국적인 가사는 이런 역사적 배경에 기인한다.

1945년 2차 대전이 끝나고 부패한 국민당 정부를 몰아낸 중국 공산
당은 1949년 중화인민공화국을 수립하며 〈의용군 진행곡〉을 공식
국가로 선정했다. 타이완섬으로 쫓겨난 중화민국 대만은 자연히 이

1949년 중화인민공화국 수립을 선포하는 마오쩌둥

노래를 금지곡으로 지정했으며, 1928년 건국 때부터 계속 사용했던 〈삼민주의〉를 정식 국가로 사용하고 있다.

이후 〈의용군 진행곡〉은 1966년부터 1976년까지 문화대혁명 시기에 작사자 텐한이 숙청을 당하며 '마오쩌둥의 깃발을 들고 전진하라'라는 선동적 가사로 수정되기도 했다. 이때는 공산당과 마오쩌둥을 찬양하는 〈동방홍〉이라는 혁명곡이 비공식적 국가로 쓰였다. 1978년부터 1982년까지였다. 하지만 가사는 이후 텐한이 복권하며 다시 제자리를 찾았고, 지금까지 중국의 노래로 쓰이고 있다.

그런데 음악만을 놓고 보면 조금은 불규칙적이다. 음악이란 리듬과 선율을 재료로 짜임새 있는 반복이 있어야 의미를 만들 수 있는 예술이다. 이른바 규칙성이다. 이 지점에서 딜레마가 생긴다. 중국 국가 노랫말의 프레이즈를 마디로 치환하면 4+4+5+4+3+5+6이 된다. 일반적으로 음악은 규칙성을 따르므로 짝수를 지향한다. 주고받는, 즉 제시하고 해결하는 한 쌍이 음악의 중요한 모티브 작법이라 자연스럽게 짝수로 구성되는 것이다.

중국 국가는 따라서 음악의 관점에서는 실패작이다. 규칙적인 모티브는 고사하고 심지어 가사의 프레이즈도 합해서 일곱 줄, 홀수다. 어울림이 아니다. 하지만 결과적으로 어울린다. 음악이 지향하는 작법을 언어가 망가뜨려도, 언어가 가진 고유의 성조와 어감을 음악이 방해해도, 양자가 상호 결합한 노래는 아랑곳하지 않고 새로운 의미의 감동을 완성한다.

짝수와 홀수가 난무한다고 의용군들이 국가를 부르며 행군하다가 발을 절겠는가? 선율과 리듬이 불규칙해서 행군이고 뭐고 못 해먹겠다고 투덜댈까? 그렇지 않을 것이다. 의용군들은 분명 자긍심이 넘치는 가사에, 또 씩씩한 선율에, 애국심 가득한 감동만 느끼고 있을 것이다. 어울리지 않는데 어울리는 게 신기하다. 그게 바로 노래 아닐까.

정작 주목할 대목은 음악적 측면이 아니다. 노래를 국가적 상징으로 못박으면서 중국인들을 압박하고 있다는 점이다. 근래 사회 전반적으로 공산당의 정치적 탄압이 강화하는 추세에서 〈의용군 진행곡〉을 진지하게 부르지 않으면 처벌의 대상이 된다. 2017년 시행된 「국가(國歌)법」은 "공공장소에서 중국의 국가를 왜곡해서 부르는 행위를 한 자는 15일 이하의 구류 또는 3년 이하의 징역형에 처한다"라고 명기하고 있다.

앉아서 부르거나, 흥얼거리거나, 진지하지 않은 자세로 부르면 공안의 표적이 되어 처벌을 받는다. 실제로 4,400만 명의 팔로워를 거느린 중국의 유명 인터넷 스타 양카이리는 중국판 유튜브라고 할 '후야'에서 생방송 중에 '일어나라, 노예가 되길 거부하는 인민이여'로 시작되는 국가 도입부를 겨우 3초간 장난스럽게 불렀다가 5일간 구류에 처했고 사과 영상까지 올려야 했다.

사건이 터진 2018년 10월 당시 공안 당국은 "국가(國歌)는 국가(國家)의 상징으로 모든 국민과 기관은 국가를 존중해 국가 존엄을 수호해야 한다"라며 인터넷 방송도 법의 적용에 있어 예외가 될 수 없다고 밝혔다. "노예가 되기를 거부하는 인민"이라는 대목은 지금의 시점에서 아이로니컬하기만 하다. 근래 공산당 통치에 염증을 느끼는 중국의 젊은이들 사이에서는 국가에 대해 회의적 분위기가 퍼져 있는 것으로 알려져 있다. 중국 또한 국가가 위기에 직면할 날이 머지 않아 보인다.

일본의 국가 〈군주의 치세〉

　5줄 31음절에 '파'와 '시'가 없는 일본 5음계를 기본으로 한 4분의
4박자 곡, 〈군주의 치세(Kimigayo)〉는 말 그대로 일본 천황의 영원을
기원하는 노래다. 2차 대전을 일으킨 나라라는 점에서 국제사회에
서 제목이나 가사 모두 국가로서 정당성을 부여하기 어렵다는 비판
을 받고 있다. 심지어 일본 내에서도 상당수 좌파 성향 지식인들은
〈군주의 치세〉의 법제화를 신랄하게 공박한다.

일본의 전통 정형시(와카, 和歌)라고 할 단가집의 〈我が君は千代に
八千代にさざれ石の巌となりて苔の生すまで(와가키미와치요니
야치요니사자레이시노이와오토나리테코케노무스마데)〉에서 유래한다는
게 통설로, 이 단가의 '我が君は'가 '君が代は'로 바뀌어 현재의 가사
가 되었다. 〈Kimigayo〉에서 기미(Kimi)의 뜻은 바로 '군(君)'인데, '임'
으로도 해석할 수 있지만, 보통 '천황'으로 해석한다. 그러니까 단가
의 '내 님은'이 '천황의 통치 시대'로 바뀐 셈이다.

'천황의 치세는/ 천 대에 팔천 대에/ 작은 조약돌이 큰 바위가 되어서/ 이끼가 낄 때까지…'

사실상 천황 찬가로 개사되기 전에 단가(短歌)는 많은 대중이 즐겨 불렀다. 내용 자체가 사랑을 이야기하는 담백한 찬가이기 때문이다. 메이지 시대에 궁내성 아악과 직원인 히로모리 하야시가 이 가사에 선율을 붙였다. 일본인이 썼기에 흔히 일본의 전통적인 5음 음계 중 하나인 요나누키 단조를 기반으로 왕실의 근엄함과 영광을 표현한다고 서술되곤 한다.

하지만 실상은 다르다. 그 읊조리는 단가를 채보해서 완성곡을 만든 사람은 당시 일본 왕실의 음악감독인 독일인 프란츠 에케르트였기 때문이다. 그가 일본 해군성 교사로 일하던 당시 곡을 편곡한 것으로 알려져 있다. 때문에 〈군주의 치세〉는 일본의 주장처럼 그들의 전통적인 요나누키 단조 음악, 예컨대 〈여우야, 여우야, 뭐하니〉 같은 선율의 흐름과는 차이가 있고, 시어의 운율과 정서 외에는 여타 전통과도 거리가 있어 보인다. 공교롭게도 에케르트는 이후 대한제국의 음악감독 또한 역임하며 대한제국 시절의 〈애국가〉를 작곡한 탓에 최근 불거진 대한제국 〈애국가〉의 왜색 시비의 단초를 제공하기도 했다.

〈군주의 치세〉는 꽤 오랜 시간 동안 공식적인 나라노래로 채택되지 못했다. 노래에 퍼져있는 제국주의 요소의 잔재 때문이었다. 1890년 메이지 천황이 근대 국가의 교육이념을 제시한 교육칙어를 발표, 전국의 소학교에서 국가를 부르게 하고 이에 발맞춰 문부성이 학습지도요령을 통해 소학교 의식 개선 노래 8곡 가운데 첫 곡을 〈군주의 치세〉로 택했으나 국가로 법제화된 것은 아니었다. 법적으로 국가는 없되 부를 국가는 있는 상태가 계속되었지만, 그나마도 2차 대전 패전 이후 부르는 국가로서의 힘도 상실했다.

〈군주의 치세〉는 1999년에 이르러서야 공식 국가로 부활했다. 「국기, 국가에 관한 법률」에 의한 것이었고, 2008년에는 초등학교 음악 시간에 〈군주의 치세〉를 부를 것을 강조 및 강요하는 학습지도요령이 발표되었다. 마치 이것은 일제강점기에 조선총독부가 조선인 황국신민화를 위해 그 서사를 외우게 하고 하루 한 번 반드시 〈군주의 치세〉를 부르게 하며 자신들이 통치한 타이완과 만주국에도 같은 규칙을 적용했던 강제의 역사를 떠올리게 한다.

어느 일본 학교장이 제도화된 〈군주의 치세〉 제창을 거부하다 곤욕을 치르는 사태도 있었지만, 더욱이 일본의 식민 통치 경험이 있는 중국, 타이완, 한국, 북한은 지금도 〈군주의 치세〉가 일본의 국가로 쓰이는 것에 인식이 좋을 리 없다. 우리의 경우도 〈군주의 치세〉에 관한 입장을 읽을 수 있는 사건이 있었다.

2008년 일본 진출 개그맨 1호인 조혜련이 한 일본 예능프로그램에서 〈군주의 치세〉를 부른 가수에게 박수 치는 화면이 인터넷에 떠돌면서 집중 비판을 받았다. 본인은 〈군주의 치세〉인 줄 모르고 그랬다고 변명했지만, 인지 여부를 떠나 민감한 한일관계에 비춰 볼 때 〈군주의 치세〉가 일본 군국주의의 번영과 창대를 찬미하는 내용이라는 것 정도는 알아야 한다는, 그 정도의 역사 인식은 필요하다는 점을 다시금 일깨워주었다.

2014년에는 당시 높은 시청률을 자랑하던 종편 JTBC의 인기 프로 '비정상회담'이 사고를 쳤다. 프로그램에 일본인 대표로 출연 중인 테라다 타쿠야를 대신해 참석한 다케다 히로미츠를 소개하며 배경음악으로 〈군주의 치세〉를 사용하는 어처구니없는 일이 벌어진 것이다. 문제는 이전에도 테라다 타쿠야가 재미로 〈군주의 치세〉를 패러디해 불러 논란을 부른 적이 있었다는 것이다. 편집자의 의도에 대해 분노의 여론이 일자 JTBC 측은 공식적으로 '부적절한 음원의 사용'에 대해 사과했다. 하지만 일본에서조차 공식적인 자리에서 〈군주의 치세〉를 합창하는 경우가 아주 드물다는 점을 고려하면 여전히 아쉬움이 남는다. 잠시이긴 하지만 〈군주의 치세〉 폐지 서명 움직임이 일기도 했다.

지나간 역사를 반성하고 사죄하는 게 아니라 오히려 자신들의 정당성을 강변하며 2019년 한국을 화이트리스트에서 제외하고 경제보복을 가한 일본의 그릇된 역사 인식은 〈군주의 치세〉에 이미 나타난다. 다른 나라들이 이미 폐기 처분하고 적극적으로 수정한 이념, 그 극우와 군국주의의 잔재를 여전히 달고 다니는 '역행적' 태도는 부당함, 만행이다. 국가만 보더라도 일본은 결코 용서될 수 없고, 동행해서도 안 된다. 2020년대를 향하고 있는 시점이지만 일본의 시곗바늘은 아직도 1890년대 언저리를 벗어나지 못하고 있다.

북한의 국가 〈애국가〉

    2018년 10월 22일 인도네시아에서 열린 아시아축구연맹(AFC) U-19 챔피언십, 한국과 요르단의 경기를 앞두고 한국 대표팀의 표정이 굳어졌다. 경기 시작 전에 주최 측의 실수로 〈애국가〉가 아닌 북한의 국가가 연주됐기 때문이다.

당시 언론에서 큰 화제가 되었던 이 사건은 국제사회에서 여전히 대한민국과 북한을 혼동한다는 사실을 일깨움과 동시에, 아직도 우리가 국가로 인정하지 않고 있는 북한의 상징에 대해 전혀 알지 못한다는 사실을 일깨웠다.

북한 국가의 제목 역시 〈애국가〉다. 그러나 안익태의 〈애국가〉와는 제목만 같고 완전히 다른 곡이다. 1948년 조선민주주의인민공화국이라는 국호를 발표하기 전부터 북한은 이미 안익태의 노래와 다른 노래를 준비하고 있었다.

조선프롤레타리아예술가동맹(카프, KAPF) 문학 운동에 참여했던 시인 박세영이 가사를 맡았고, 김일성을 찬양하는 〈김일성 장군의 노래〉를 작곡한 김원균이 작곡을 맡았다. 박세영은 1950년대 북한의 유행가이자 한국에서도 크게 유행하여 1990년대에 김연자가 노래한 곡 〈림진강〉의 가사를 쓰기도 했다.

곡이 완성된 것은 1947년 6월 27일로, 29일 조선로동당이 공산주의 위성국을 세우고자 수립한 북조선인민위원회에서 공식 국가로 확정되었다. 당시 북조선인민위원회는 북한만의 단독 정권 수립을 숨기기 위해 국가 공표와 보급을 일부러 늦췄다. 광복 후 한반도에서 불리던 국가는 1919년 3·1 운동과 1940년 12월 20일 전까지 쓰인, 스코틀랜드 노래 〈올드 랭 사인〉 멜로디에 맞춰 부르던 〈애국가〉였다.

광복 후에 쓰인 가사답게 북한의 〈애국가〉에는 현재 '북한' 하면 떠오르는 체제 선전과 지도자에 대한 맹목적 충성의 내용이 없다. '아침은 빛나라 이 강산/ 은금에 자원도 가득한/ 삼천리 아름다운 내 조국'으로 한반도의 자연 풍광을 묘사하고 있고 '반만년 오랜 력사(歷史)에 찬란한 문화로 자라난', '한없이 부강하는 이 조선' 등으로 진취적인 가사가 특징적이다. 멜로디 역시 4/4박자 위 근엄하고 진중한 분위기가 두드러진다.

북한 내부에서는 〈애국가〉 대신 〈김일성 장군의 노래〉와 〈김정일 장군의 노래〉를 각종 행사에서 더 많이 연주하는 모습을 보였다. 그러나 올림픽 같은 국제 스포츠 경기에서는 〈애국가〉가 연주되었는데, 2002년 부산 아시안게임에서 연주된 〈애국가〉는 한국 땅에서 최초로 연주된 북한 국가다. 이후 2003년 대구 하계 유니버시아드, 2014년 인천 아시안게임, 2018년 평창 동계올림픽 등 한국에서 열린 다양한 스포츠 행사에서 북한의 〈애국가〉가 연주되었다.

2008년 뉴욕필하모닉오케스트라의 역사적인 평양 공연에서도 로린 마젤의 지휘 아래 북한의 국가와 미국의 국가가 연이어 연주되기도 했다. 2010년 남아공 월드컵 본선에 진출한 북한 축구 국가대표팀의 공격수 정대세는 브라질과의 경기를 앞두고 연주된 〈애국가〉에 감격해 눈물을 보이기도 했다.

한국에서 북한의 국가 〈애국가〉는 「국가보안법」상 이적(利敵)물에 해당한다. 이 노래의 악보를 판매하거나 공개적인 장소에서 부르면 「국가보안법」 제7조 위반으로 처벌받을 수 있다. 물론 스트리밍 사이트 또는 유튜브에서 감상하는 것은 가능하다. 머지않은 날 한반도의 모든 사람이 두 개의 서로 다른 국가가 아닌 하나의 국가를 부르게 되기를 염원한다.

몽골의 국가 〈몽골 국가〉

"건국 이래 최초의 올림픽 금메달!"

대한민국 최초로 올림픽에서 양정모가 금메달을 획득하자 당시 유일한 스포츠신문이 붙였던 헤드라인이다. 헤드라인 크기가 신문 발간 이후 최대치였다는 것만으로도 당대의 감격을 헤아릴 수 있다. 레슬러 양정모를 기억하는 이들은 동시에 몽골의 국가도 함께 기억한다.

이유가 있다. 1974년 테헤란 아시안게임부터 1976년 몬트리올 올림픽까지 금메달을 놓고 경쟁한 "철천지원수(중계 아나운서의 표현이었다)"이자 '운명의 라이벌'인 오이도프 선수의 고국이 몽골이기 때문이다. 수차례 맞붙은 오이도프와 양정모는 우승을 번갈아 나눠 가졌다.

오이도프가 우승했을 때 우리는 어쩔 수 없이 몽골의 국가를 들어야만 했다. 이 말은 반대로, 오이도프가 없었다면 우리는 몽골의 국가를 접할 기회가 없었을지도 모른다는 얘기다(오이도프는 현역 통산

32개의 금메달, 8개의 은메달을 거머쥔 몽골 최고의 체육인으로 평가받는다).

〈몽골 국가(멍걸 올슨 튈인 도올랄)〉는 1950년 공식 국가로 제정되었다. 칭기즈칸이 건설한 세계적인 제국 몽골, 그 후 원나라가 몰락한 후 청나라 치세에 놓여 있던 몽골은 1911년 12월 29일 마지막 황제 복드칸이 독립을 선언하며 복드칸국이라는 이름으로 다시 태어났다. 그 후 1924년 소련의 지원 아래 사회주의 국가 몽골인민공화국으로 바뀐다. 세계 두 번째 사회주의 국가였다.

1924년부터 1950년까지 쓰였던 국가는 사회주의 진영을 대표하는 〈인터내셔널가〉를 차용한 〈몽골 인터내셔널〉이었다. 그리고 빌레긴 담딘수렌과 루브사냠츠 무료르지가 작곡한 〈몽골 국가〉가 1950년 〈몽골 인터내셔널〉을 대체하였다. 대체되면서 가사에 레닌, 스탈린 그리고 몽골공화국의 혁명가인 담딘 수흐바타르와 허를러깅 처이발상을 찬양하는 내용이 추가되었으나, 스탈린 격하운동의 영향으로 1961년에 가사가 수정되었다.

이후 1991년 민주주의 국가로의 전환이 이루어지며 소련과 몽골 사회주의 지도자들의 이름은 모두 삭제되었다. 이후 2006년에는 몽골 의회의 승인으로 '영원한 국부' 칭기즈칸을 기념하는 내용이 더해졌다. 웅장한 합창 형식으로 '세상 모든 정의로운 국가들과 연대하며 역사와 문화를 전승하자'라는 메시지를 담고 있다. 일반적인 국가와 달리 타국과의 상생을 담고 있는 것이 이채롭다.

인도의 국가 〈모든 국민의 마음〉

　인구 세계 2위(13억)인 거대한 나라의 노래를 작사·작곡한 이는 누굴까? 노벨 문학상 수상자이자 '위대한 성자'로 칭송받는 시인 라빈드라나트 타고르, 우리에게 '동방의 불빛'을 헌정한 그 타고르다. 〈모든 국민의 마음(Jana Gana Mana)〉이라는 제목의 이 노래는 1911년에 첫선을 보였는데, 이는 1858년부터 시작된 영국 통치 기간 중이었다. 이후 1947년 독립한 인도공화국이 1950년 정식으로 국가로 제정했다.

　편자브, 구자라트, 마하라슈트라, 웃칼라 등 드넓은 인도 국토의 여러 주를 총괄하는 타고르의 언어는 '히말라야와 빈디야 산맥, 야무나강과 갠지스강'을 포함하며 '모든 백성의 구원과 승리'를 노래한다. 소소하지만 논쟁이 없지는 않다. 현재 인도가 아닌 파키스탄의 땅인 신드(Sindh)는 포함된 데 반해 북부 인도의 라자스탄·마이소르·케랄라주는 전혀 포함되어 있지 않다는 것이다. 이처럼 가사에

라빈드라나트 타고르

영국 치하 당시 인도의 영토만 포함되어 있는 역사적 한계를 갖고 있다.

이 노래는 본래 벵골어로 쓰인 타고르의 시집《인도 운명의 집행자》에 수록된 글에 멜로디를 붙여 만들어졌다. 영국 식민시대 때도 다양한 곳에서 연주되다 인도의 베산트 신학대학에서 비로소 지금의 형태를 갖추게 됐다. 인도가 독립하기 2년 전에는 저명한 인도 영화 '함라히(Hamrahi)'에 선곡되며 대중적 인지도도 확보한 상태였다. 지금도 세계적인 영화 강국인 인도는 극장에서 영화를 시작하기 전에 이 노래를 튼다(과거 우리나라도 본 영화가 상영되기 전에 〈애국가〉를 틀어 모두가 자리에서 일어나야 했다). 1950년 공식 국가로 제정된 〈모든 국민의 마음〉은 공식 석상에서는 원래의 가사인 벵골어 대신에 힌디어로 연주되는 경우가 많다.

특별한 사실은 인도공화국에서 떨어져 나가 건설된 방글라데시의 국가 역시 타고르의 작품이라는 점이다. 다양한 인종과 언어로 구성된 국가 인도의 〈모든 국민의 마음〉뿐 아니라 민족주의 국가 방글라데시의 노래도 같은 대문호의 손에서 잉태되었다는 점이 흥미롭다.

음악적으로 〈모든 국민의 마음〉을 풀이하기 전에 인도 음악의 구성을 큰 범주에서 살펴보면, 선율에 해당하는 라가(raga), 리듬에 해당하는 탈라(tala) 그리고 으뜸음의 역할을 하며 음악의 중심을 잡아주는 드론(drone)이 핵심이다. 물론 인도의 모든 음악이 위의 세 요소를 모두 포함하고 있지는 않다. 하지만 당장 이 국가만 해도, 드론 없이 서양적인 브라스밴드 연주로 듣는 것과 그들의 전통적인 세 요소 안에서 고유의 슈루띠(sruti: 옥타브를 22개로 나눈 미분음으로 음악에 따라 연주 방식이 달라진다)가 녹아 있는 노래로 듣는 것은 마치 물과 불을 보듯, 달라도 정말 다르다. 물론 그들의 전통 방식을 따르는 국가가 진심으로 인도의 국가답다.

유튜브에는 인도의 인간문화재에 해당하는 명인들이 노래한 국가를 한 소절씩 편집한 동영상이 있다. 드론은 보컬 허밍으로, 본 노래는 그들의 방식에 따라 슈루띠가 부여된 기법으로 리듬악기 역시 빠짐없이 구성되어 연주되는데, '아, 인도구나!' 하는 탄성이 절로 나온다. 비슷한 편집 기법으로 인도의 전통 악기와 유럽에서 건너온 현대의 여러 악기를 혼재시킨 기악 버전 역시 마찬가지.

간혹 국가 대항전 등에서 브라스밴드나 오케스트라로 서구화한 인도의 국가를 접할 기회가 있다. 그들 고유의 전통을 알고 나서는 조금, 아니 꽤 많이, '꼭 저렇게 고유의 소리를 버리고 세계화를 따라야 할까?' 하는 의문(인도마저!)이 든다. 물론 근래 추세로 봐서는 그게 비단 인도에 국한된 것만은 아니다. 안타깝다.

파키스탄의 국가 〈파키스탄 국가〉

인도 북부에 위치한 국가 파키스탄은 원래 인도, 아프가니스탄과 역사의 대부분을 공유했다. 그러나 파키스탄 사람들은 2차 세계대전이 끝나고 인도공화국에 남아 있기를 거부하여 역사에서 찾아볼 수 없을 정도의 격렬한 유혈 투쟁을 벌였다. 파키스탄 사람들은 지금도 인도라는 말만 들어도 흥분한다.

이 나라는 인구의 95%가 이슬람교도다. 8세기부터 유입된 이슬람 세력은 강대한 무굴 제국을 세워 힌두교를 믿는 다수 인도인을 통치한 역사가 있다. 종교 이데올로기가 다른 데다 이런 역사적 배경 때문에도 파키스탄 사람들은 오랫동안 인도 힌두 문화의 지배를 격렬히 반대했다. 결국 1947년, 영국은 인도 독립 과정에서 인도 서북부와 동(東)벵골 지역을 파키스탄 자치령으로 독립시킬 수밖에 없었다. 파키스탄의 국가 〈파키스탄 국가(Qaumi Taranah)〉는 1954년 공식 국가로 제정됐다. 그런데 파키스탄이슬람공화국이 건국된 것은 1956

년이다. 2년의 시차가 난다. 나라가 정식으로 건국되기 전에 노래부터 만들어뒀으니 꽤 이례적이라고 할 수 있다. 파키스탄 작곡가 아마드 챠글라가 1949년 곡을 썼고, 시인 하피즈 줄룬드리가 1952년 가사를 붙였다. 1950년부터 공식 행사에서 가사 없는 기악 형식으로도 국가처럼 사용되었다.

1954년 국가가 발표되고 나서 이듬해인 1955년에는 아마드 루슈디, 카쿰 자한, 라쉬다 베굼 등 국민가수로 통하는 톱스타들이 직접 노래를 부르며 국가를 알리기도 했다. 파키스탄의 모어 우르두어 가사만 있고 영어 가사는 없다.

> '신비롭고 성스러운 땅/ 아낌없이 주는 이 행복은/ 큰 책임이 따르는 장소/ 그곳은 파키스탄!/ 성지의 중심이며 축복을 주는 장소!…'

하지만 파키스탄의 역사는 '축복을 주는 장소'라는 국가 가사와는 달리 순탄치 않았다. 차라리 '큰 책임이 따르는 장소'가 더 현실에 부합하는 내용이었다. 이슬람이라는 종교적 공통점을 제외하면 남남이나 다름없던 동(東)벵골, 즉 동(東)파키스탄 지역과의 갈등이 계속된 것이다. 1970년 동벵골 지역을 강타한 사이클론 '볼라'로 50만 명의 희생자가 발생했음에도 서(西)파키스탄이 지원을 미루자 동파키스탄은 독립전쟁을 감행했다.

동파키스탄을 진압하려는 서파키스탄군의 잔혹한 진압이 뒤따랐고, 마침내 인도군이 전쟁에 개입하여 서파키스탄군을 몰아내고서야 동벵골지역은 방글라데시라는 이름으로 독립할 수 있었다. 여기서 인도와 파키스탄 간 종교·인종 갈등을 상징하며 주요 전장(戰場)이 된 지역 카슈미르(Kashmir)는 유명하다. 헤비메탈의 전설 레드 제플린 멤버들 모두 이곳에 가보지도 않았음에도 불구하고 〈카슈미르〉란 곡을 만들었을 정도니까.

2019년에도 이 지역을 두고 인도와 파키스탄 간에 유혈 충돌이 발생, 파키스탄군이 인도 전투기를 격추해 조종사 신원을 확보하는 사태가 벌어졌다. 인도의 핵 개발 소식을 접하자마자 파키스탄이 서둘러 다량의 핵무기를 개발하여 핵보유국이 된 일은 유명하다. 파키스탄과 인도는 견원지간, 불구대천의 원수 사이이다.

베트남의 국가 〈진군가〉

동남아시아의 일원 베트남은 작지만 강한 나라다. 이웃 국가들인 태국, 미얀마, 캄보디아 사이에서 그들만의 역사를 일궈왔으며, 거대한 인접국인 중국의 왕조에게도 조공은 바쳤으되 정치적·경제적 구속은 받지 않았다. 베트남 역사의 자랑 가운데 하나인데, 13세기에는 유라시아를 손에 넣은 막강한 몽골제국의 침략을 '유일하게' 격퇴했을 정도다. '독자성'은 베트남의 정체성을 이해하는 키워드 가운데 하나다. 국가 〈진군가(Tien Quan Ca)〉의 노랫말을 보면 안다.

'베트남 군대여 전진하라/ 조국을 지키러 하나 되어 나아가자/ 우리의 바쁜 걸음 소리가 길고 고된 길 위에 울려 퍼진다/ 핏빛 승리로 물든 우리의 붉은 깃발에 우리나라의 정신이 담긴다…'

바로 핏빛 승리(victory of blood)로 지켜낸 땅인 것이다.

근현대사를 보면 더 자랑스럽다. '제국의 무덤'이라는 타이틀이 모든 것을 말해준다. 베트남은 인도차이나반도에서 오랜 식민 통치를 주도한 프랑스를 쫓아냈고, '더러운 전쟁'이라 불린 베트남전쟁(월남전)에서는 최강대국 미국에 사상 최초의 패전을 안겼다. 자긍으로 가득한 그 양키들을 몸서리치게 만들었다는 점, 이것 하나에 전쟁을 경험하지 않은 지금의 베트남 청년들도 두 팔을 하늘 향해 벌리며 환성을 지른다.

사실 지금도 엄청난 미국인들이 베트남전쟁의 후유증을 겪고 있다. 미국이 동아시아 국가 가운데 베트남만큼 많이 다루고 언급하는 나라는 없다. '전쟁영화' 하면 즉각적으로 떠오르는 명작들, '디어 헌터'(1978년) '지옥의 묵시록'(1979년) '플래툰'(1986년) '굿모닝 베트남'(1987년) '7월 4일생'(1989년) 등이 모두 베트남전쟁을 소재로 한 영화들이다.

노래도 부지기수다. 크리던스 클리어워터 리바이벌의 〈운 좋은 녀석(Fortunate Son)〉〈누가 이 비를 멈추려나(Who'll Stop The Rain)〉〈정글을 달려라(Run Through The Jungle)〉 그리고 지미 헨드릭스의 〈올 얼롱 더 워치타워(All Along The Watchtower)〉 등등 이루 헤아릴 수 없을 만큼 많다. 1960년대 대중문화의 화두인 반전(反戰)은 곧 반(反)베트남전쟁인 것이다.

'베트남 베트남 베트남…/ 어제 난 베트남에서 전투중인 친구로부터 편지를 받았어/ 그가 하는 얘기는 이거야/ 친구들아 나 이제 곧 집에 갈 거야/ 6월쯤이면 복무를 마치게 돼…/ 그는 연인 메리에게 말하는 것도 잊지 않았지/ 그녀의 입술은 체리만큼 달콤하다고/ 베트남에서 온 편지야, 베트남 베트남 베트남…/ 바로 다음날 그의 어머니는 전보를 받았지/ 베트남에서 온 거야/ 브라운 여사는 미국에 살고 계셔/ 여사는 이렇게 써서 말씀하셨어/ 전보는 이런 내용이라면서/ "놀라지 마십시오, 브라운 여사님/ 댁의 아드님은 사망했어요."…'

영화 '쿨 러닝'의 OST로 널리 알려진 곡 〈난 이제 선명히 볼 수 있어(I Can See Clearly Now)〉로 유명한 레게의 전설 지미 클리프(Jimmy Cliff)가 부른 이 곡의 제목은 〈베트남(Vietnam)〉이다. 밥 딜런이 월남전 반전 노래 가운데 가장 빼어난 곡이라고 극찬한 곡이기도 하다. 이처럼 많은 서구 아티스트들은 베트남을 우울하게 노래했다. 하지만 미국인들에게는 상처일지 몰라도, 상기했듯 베트남인들에게 월남전은 지금도 영광의 훈장으로 남아 있다. 나중에 중국 공산당과 벌인 중월전쟁, 캄보디아와의 전쟁까지 모두 승리하였으니 '근성'의 국가라고 해도 손색이 없다. 이와 같은 거듭된 침공과 거기에 대한 승리의 역사를 대변하듯 국가 역시 가사 측면에서 호전적이

베트남전쟁 당시
고엽제 살포 중인 미군 헬기

다. 어느 국가에 뒤지지 않는 힘찬 멜로디와 동행하는 이 가사야말
로 베트남의 고된 역사의 방증이다.

〈진군가〉는 1944년 응우옌 반 까오가 작곡했다. 이후 1945년부터
1976년까지 존재한 월맹의 베트남민주공화국, 즉 북베트남의 공
식 국가가 되었다. 미군이 철수하고 남베트남을 수복한 북베트남은
1976년 공산화(국가명: 베트남사회주의공화국) 이후 당연히 이 노래를
통일 베트남의 국가로 제정했다.

악곡은 작은 세도막 형식, 즉 4+4+4의 12마디로 이미 완성되었지만,
완성된 악곡의 마지막 4마디를 반복 응용한 4마디에 피날레 5마디
를 더하여 모두 11마디로 구성된 후렴구를 첨가해 총 21마디로 악

곡을 정리하고 있다. 가사 못지않은 힘찬 행진곡풍과 달리 선율의 질감은 의외로 무척 부드럽다.

절정을 향해 몰아치는 선율은 분명 듬직한 장정의 에너지를 뿜어내지만, 그 방식이 등 떠밀며 종용하는 느낌보다는 어깨동무하며 독려하는 느낌이 더 강하다. 군이 표현하자면 '몸짱 훈남'의 미소를 머금은 카리스마 같다고 할까. 이것이 아마도 베트남 사람들 스스로 분석하는 것처럼 강한 응집력과 단결의 국민성을 가져온 요소일 것이다.

공산권 국가들이 대개 군인들의 피의 행군을 이미지화하다 보니 질감이 거칠고 투박한데 베트남은 부드럽고 섬세하다. 농경이 주축인 민족들이 대부분 그렇듯 순박하고 착한 민족인 것도 관계가 있을지 모른다. 그렇게 순하다고 해서 그게 유약하다는 의미는 결코 아니다. 오히려 그들은 강하다. 현대사의 한 자락에는 초강대국을 물리친 그들의 굳건한 발자취가 남아 있다.

그렇기에 베트남 청년들 사이에서 국가에 대한 인식 또한 다른 나라 젊은 세대들과 비교할 때 결코 약하지 않다. 베트남 영화산업에 종사하는 도 꿱 안(32세) 씨는 "국가를 들을 때마다, 부를 때마다 흥분되고 특히 최근 박항서 감독의 축구 대표팀 경기 때 선수들이 부르는 진군가를 따라 하면 더욱 가슴이 벅차오른다"라고 말했다.

하지만 공산당의 통치에 따라 국기를 훼손하거나 공개석상에서 국가를 성의 없이 부르면 여전히 처벌 대상이 되는 게 현실이다. 상기한 사례는 어쩌면 이런 억압 분위기에 대한 의식적 반응일지 모른다. 실제로 젊은 층들은 갈수록 국가에 대해 역사적 공감만 가질 뿐 국가를 즐겨 부르지는 않으며 그냥 '듣는 정도'에 그친다고 한다. 경기장, 매일 아침의 학교 조회, 관공서의 의례에만 존재하는 것으로 여긴다는 것이다.

북베트남에 의해 멸망한 남베트남(베트남공화국)도 역시 〈청년행진곡〉이라는 이름의 국가가 있다. 이 노래는 베트남 '보트 피플'에 의해 지금도 전승되고 있으며, 현재 베트남에서 각종 공식 행사에 등장하지는 않지만, 금지곡으로 지정되지는 않아 아예 듣지 못하는 상태는 아니다.

필리핀의 국가 〈선택된 땅〉

    동남아시아의 섬나라 필리핀의 국가 〈선택된 땅(Lupang Hinirang)〉은 상당히 역사가 깊다. 필리핀 작곡가 훌리안 펠리페가 곡을 쓰고 작가 호세 팔마가 작사한 것이 1899년이니 120주년을 막 넘겼다. 1565년부터 스페인의 식민 지배 아래 놓여 있던 필리핀이 1898년 짧게나마 독립하며 필리핀 제1공화국을 수립했을 때 처음 국가로 제정되었다.

19세기 말, 스페인의 오랜 식민 통치에 반기를 든 것은 필리핀의 지식인층이었다. 농장 경영과 무역 등으로 부를 축적한 인텔리겐차 계층이 경제적 기틀을 쥐게 되면서 계몽이 시작되었다. 필리핀의 독립 요구를 무력으로 진압하려는 스페인에 대한 반감 역시 극에 달했다. 1892년부터 이 지식인층은 '카티푸난'이라는 비밀 조직을 결성했다. 이들이 본격적으로 스페인 식민 통치에 저항하면서 독립을 염원하는 불길이 타올랐다.

이후 미국-스페인전쟁이 벌어지자 미국의 지원을 받은 카티푸난은 수도 마닐라 등을 장악하고 최초의 공화국을 설립했다. 초대 대통령 에밀리오 아기날도가 작곡가 훌리안 펠리페에게 국가 작곡을 의뢰하자, 훌리안 펠리페는 스페인의 국가 〈왕의 행진곡〉과 베르디의 오페라 〈아이다〉 그리고 프랑스 국가 〈마르세유의 노래(프랑스 국가는 여러 국가의 벤치 마킹 모델이다)〉에서 영향을 받아 〈선택된 땅〉을 작곡했다.

곧 필리핀 제1공화국의 국가가 되었으나, 이미 스페인과의 전쟁을 승리로 끝낸 미국이 가만히 있을 리 없었다. 1899년 미국은 선전포고 없이 군대를 파견해 필리핀을 접수했고, 1901년 아기날도 대통령을 체포했다(필리핀은 이후 1946년까지 기나긴 미국의 지배를 받는다). 그러나 '필리핀의 궁극적 독립'을 약속한 미국은 1907년 「국기(國旗)법」을 통해 〈선택된 땅〉을 국가로 인정했다. 물론 스페인어 대신 영어로 번안되었다.

필리핀 고유어인 따갈로그어 가사가 붙은 것은 1940년대 2차 세계대전에서 일본제국에 점령당했던 시기, 민족주의 운동의 일환이었다. 이후 기나긴 외세 지배에서 벗어나 독립을 이룬 필리핀은 1948년 드디어 〈선택된 땅〉을 공식 국가로 제정할 수 있었다. 1956년 대통령 라몬 막사이사이 때 약간의 수정을 거쳐 오늘날에 이르고 있다.

태국의 국가 〈태국 국가〉

　　남한의 5배 크기의 큰 나라이자 동남아시아에서 유일하게 식민
지배를 경험하지 않은 나라가 태국이다. 정식 명칭은 타이 왕국으
로, 오랜 역사와 문화, 경제를 바탕으로 동남아시아의 맹주로 군림하
고 있다. 13세기 수코타이 왕국, 아유타야 왕국을 거쳐 지금까지 왕
국이 존속하고 있고, 또한 왕정에 대한 국민의 지지가 투철하기로 유
명하다.

태국의 국가 〈태국 국가(Phleng Chāt Thai)〉는 1932년 공식 국가로 제
정되었다. 본래 태국은 왕국이었기에 별도의 국가가 필요치 않았으
며, 국명도 1939년까지는 타이(Thailand)가 아닌 시암(Siam)이었다.
1932년 이전까지 나라를 상징한 노래는 현재 짜끄리 왕조의 노래
〈왕실가〉였다. 태국은 20세기 초 제국주의 열강 사이에서, 특히 영
국과 프랑스 간의 경쟁심과 긴장을 이용해서 주위 정세에 따라 유
연하게 흔들린다는 의미의 이른바 '대나무 외교'라는 기술을 발휘했

다. 영국에는 말레이반도 일부를 떼어주고, 프랑스에는 메콩강 왼쪽의 라오스를 주는 영토 할당의 대가였다.

땅 일부를 내주고 나라를 지켰지만 1932년 군부의 '시암 혁명'을 통해 군부의 통치를 받게 되었다. 군부는 1939년 입헌군주제 국가 타이를 선포했다. 혁명을 일으킨 장군 쁠랙 피분쏭크람은 〈왕실가〉를 대체할 노래로 루앙 사라누쁘라판의 가사와 프라 쩬두리양의 멜로디로 만들어진 새 국가를 선정했다.

국가는 기존의 점잖은 〈왕실가〉와 비교했을 때 확실히 힘찬 느낌을 주고, 부르는 맛도 있다. 그런데 이상한 것은 폴란드의 국가 〈폴란드는 아직 죽지 않았다〉와 흡사하다는 것이다. 국가가 거기서 거기 때문이어서일까. 아니면 다른 나라들도 그렇듯 국가를 만들 때 타 국가를 참조해서 만드는 관습 때문일까.

1973년까지 이어진 군부 정권을 몰아내고 민주 정권이 들어서는 와중에도 국가는 제자리를 지켰다. 민주화 이후에도 군부와 민간 정부의 집권이 반복된 태국 정치는 전 국왕 라마 9세의 효과적인 통치로 안정을 지켜왔다. 2016년 국왕이 사망하며 라마 9세의 장남 마하와치랄롱꼰이 라마 10세로 공식 즉위했다. 매일 오전 8시와 오후 6시, 거리에서 국가가 연주되면 국민들은 길거리에 서서 (우리가 전에 그랬듯이) 국가에 대한 존중을 보인다.

말레이시아의 국가 〈나의 조국〉

동남아시아의 국가 말레이시아는 13개의 개별 주가 모인 연방 국이다. 말레이반도의 서(西)말레이시아와 보르네오섬 북부의 동(東) 말레이시아가 긴 해협을 끼고 비연속적으로 이어져 있다. 말레이시 아가 연방제를 채택한 데는 이처럼 국토의 단절이라는 이유도 있었 지만, 역사적으로 이 나라가 말레이시아라는 단일한 이름으로 묶이 기보다는 여러 도시 국가들과 소규모 지배자들이 통치해오면서 강 한 지방자치의 특징을 갖게 되었기 때문이다.

국가 〈나의 조국(Negaraku)〉도 마찬가지로, 처음부터 말레이시아 라는 통합 국가를 위해 만들어진 곡이 아니었다. 프랑스의 '가장 대중적인 작곡가'로 알려진 피에르 장 드 베랑제의 유명한 곡 〈La Rosalie〉의 멜로디를 가져와서 구성한 페락주(州)의 노래였다. 처음 에는 가사 없는 기악곡이었지만, 1948년 서말레이시아를 중심으로 말라야연방이 결성되며 나라를 대표하는 노래로 제정됐다.

현대 말레이시아의 국부로 불리는 초대 총리 툰쿠 압둘 라만이 가사를 붙였다. 공화정임에도 각 주의 술탄(왕)을 칭송하는 '하느님 전하'와 같은 표현으로 인해 일부 지역에서는 문제를 제기하기도 한다. 페락주의 주가(州歌) 멜로디를 그대로 가져왔기에 페락주에서는 국가와 주가의 멜로디가 동일하다.

그러나 사라왁과 사바와 같은 주들처럼 분리·독립의 목소리가 높은 지역은 사정이 다를 수밖에 없다. 여기서는 국가에 대해 반감이 큰 탓에 국가를 바꾸자는 여론과 전혀 관심 없다는 의견이 혼재되어 있는 것으로 알려졌다. 전자는 주로 중장년층이, 후자는 대체로 젊은 층이 많다고 한다.

인도네시아의 국가 〈위대한 인도네시아〉

　　18,000여 개의 섬으로 이루어진 2억5천만 인구의 인도네시아는 동남아와 오세아니아에 걸쳐있는 거대한 나라다. 선사시대부터 수많은 군소 왕국들로 이어진 이 나라가 현재의 인도네시아로 자리매김하기까지는 17세기부터 무려 300여 년 동안 진행된 네덜란드의 긴 식민 통치가 있었다.

인도네시아의 국가 〈위대한 인도네시아(Indonesia Raya)〉는 네덜란드 식민지 시대에 만들어진 곡이다. 당시 교사와 기자를 겸하던 작곡가 와게 루돌프 수쁘라뜨만은 1928년 인도네시아의 다양한 민족 청년들이 모인 '인도네시아 청년회의(Youth Pledge)'에서 〈위대한 인도네시아〉의 첫선을 보였다. 당시 이 공간에서는 '하나의 국가/ 한 민족/ 하나의 언어'라는 캐치프레이즈 아래 국가의 상징에 대한 논의가 활발했다.

'독립'과 '단결', '나의 국가' 등의 단어는 민족주의 운동이 한창이던 인도네시아의 배경을 반영하고 있다. 그러나 이 노래가 국가로 선정되기까지는 여전히 장구한 시간이 필요했다.

2차 세계대전 때는 태평양전쟁을 벌이던 일본군에게 국토를 점령당하며 우리나라처럼 일제강점기를 겪어야 했다. 일본의 항복으로 독립을 선언하게 되지만, 이번에는 전 식민 통치자인 네덜란드가 독립을 용인하지 않고 군대 12만 명을 파병했다. 인도네시아는 4년간의 독립전쟁 끝에 비로소 독립을 쟁취할 수 있었다.

〈위대한 인도네시아〉는 1945년 8월 17일 독립을 선언한 날에 정식 국가로 제정됐다. 1928년의 원곡은 네덜란드어식 표기를 따랐으나 1958년 한 번의 개정을 거쳤고, 이후 1982년 말레이시아와 인도네시아 간의 표기법 합의를 거쳐 다시 한 번 가사를 수정했다.

이란의 국가 〈이란이슬람공화국 국가〉

중동의 맹주 이란의 국가는 역사가 짧다. 기원전 3000년 거대한 페르시아제국으로부터 출발하는 이란은 인류 역사상 가장 오랜 문명을 자랑하는 곳이지만, 현재 나라를 대표하는 노래는 1990년에 제정되었으니 아주 최근의 일이다. 주지하다시피 1979년 오랜 친미(親美) 왕정을 끝내고 신정 국가로의 전환을 선언했던 이란 이슬람혁명이 배경이다.

7세기 칼리파 왕조의 지배 아래 들어간 이란은 오랜 시간 동안 이슬람 왕국으로 그 명맥을 유지해왔다. 1901년 카자르 왕국 치하에서 민중 혁명이 일어나 입헌군주제로의 개헌이 이뤄졌으나 이마저도 무산되고 1925년 팔레비 왕조가 들어선다. 친서방 외교를 지향한 이란의 마지막 군주 팔레비 2세는 세속주의 정책을 펼쳤으나, 1970년대 오일쇼크로 촉발된 경제 위기로 인해 이란 국민의 분노를 사게 된다.

1979년 분노한 시민들의 동시다발적 시위와 항거에 팔레비 2세가 망명하고 이슬람 시아파 종교 지도자인 호메이니가 귀국, 이슬람 공화국을 건국하며 이란의 오랜 왕정 시대가 막을 내렸다. 자연히 팔레비 왕조 때의 국가 〈이란의 왕 중 왕을 찬양하라〉는 사라졌다. 왕정이 무너지고 난 후 임시로 잠깐 쓰였던 노래는 〈이란이여(Ey Iran)〉이다. 1944년 작곡된 이 노래는 애국심을 고취하는 가사와 멜로디로 민중들 사이에서 애창되었다. 작곡가 후세인 골레 골랍이 멜로디를 붙이고 루홀라 할레키가 아름다운 이란의 땅을 찬양하는 가사를 붙였다. 하지만 〈이란이여〉는 1979년부터 1980년까지 고작 1년 동안 국가의 지위를 유지했다.

1980년 이슬람공화국의 새 노래는 〈이란은 불변하고 영원하리라!〉였다. '억압의 궁궐이 무너졌다' '꾸란(코란)의 그림자 아래 이란은 영원하리라'라는 가사가 이슬람공화국의 새 모토를 정확히 드러내며 새로운 국가 건설의 의지를 드러낸다. 이후 1990년이 되어 사에드 바게리가 가사를 붙이고 하산 리야히가 곡을 쓴 현재의 〈이란이슬람공화국 국가(Sorude Mellije Džomhurije Eslamije Iran)〉가 정식으로 국가로 지정된다.

'태양이 떠오르는 동방의 지평선 위에서/ 정의를 믿는 사람의 눈에서 빛이 나리라/ 바흐만(이란혁명이 일어난 달)은 우리의 믿음의 천정이라/ …오 순교자여! 그대의 함성은 역사의 귀에서 울려 퍼지리라/ 인내하면서 이어나가는 영원한/ 이란이슬람공화국이리라…'

순교자와 이슬람공화국을 찬양하는 내용이다. 우리에겐 월드컵 지역 예선과 아시안컵 등으로 라이벌 관계를 형성한 이란 축구 국가대표팀과의 경기를 통해 익숙한 편이다.

이라크의 국가 〈나의 조국〉

이라크는 이집트와 더불어 세계에서 가장 오랜 문명을 자랑하는 중동의 국가다. 그러나 21세기 들어 가장 큰 시련을 겪고 있는 나라이기도 하다. 1991년의 걸프전쟁과 2003년 이라크전쟁으로 전 국토가 잿더미가 된 데 이어 혼란 상태를 제대로 통제하지 못해 내전이 발생했고, 광적인 테러 단체 '이라크-레반트 이슬람 국가(IS)'가 발호하는 등 지금도 평화가 요원한 실정이다.

메소포타미아 문명의 발흥지이자 이슬람제국의 본거지, 오스만제국의 도시였던 이라크는 20세기 초 영국의 '메소포타미아 보호령', 즉 식민지 신세로 전락했다. 1차 세계대전에서 오스만제국이 연합국에 패배하면서 영국은 1921년 이라크왕국을 세워 독립을 도와주는 척했다. 하지만 실상은 주권을 침탈하려는 것이 목적이었다. 이후 오랫동안 영국의 괴뢰국 처지를 면치 못하던 이라크는 1948년 영국-이라크 조약을 맺어 권리를 되찾았고, 1955년 드디어 독립을 이루게 된다. 당연히 왕정의 노래 〈왕을 찬양하라〉는 역사 속으로 사라졌다.

〈나의 조국(Mawṭinī)〉이라는 제목의 노래는 이전에도 있었다. 1959 년부터 사용된 가사 없는 것으로, 나중에 1965년, 이집트와 시리아 가 통합하여 탄생한 아랍연합공화국의 〈나의 무기여〉로 대체된다. 이라크의 국가를 이웃 국가 아랍연합공화국이 만들어준 셈이라고 할까.

이후 사담 후세인이 대통령으로 취임하며 독재 정권을 확립한 1979 년부터는 〈두 강의 땅〉이라는 새 국가가 등장한다. 여기서 두 강은 메소포타미아 문명의 터전이 된 유프라테스강과 티그리스강을 뜻 하는데, 바빌론과 아시리아(기원전 존재한 제국)를 고유의 것이라 칭 하는 것을 볼 때 국가주의 이데올로기를 강화하려는 의지를 읽을 수 있다.

2003년 이라크전쟁으로 사담 후세인이 축출되자, 상기했듯이 1959 년부터 불린 〈나의 조국〉이 임시 국가로 쓰였지만 오래가지 못했 다. 2004년부터 지금까지 쓰이고 있는 〈나의 조국〉은 가사 없이 연 주로만 구성된 전자와 이름만 같을 뿐 전혀 다른 곡이다. 1934년 팔 레스타인 시인 이브라힘 투칸의 시에 곡조를 붙인 것으로, 아랍권 에서 널리 불리던, 사실상 가요에 가까운 곡이었다.

3절 구성으로 각 절은 A파트 2+4+4, B파트 2+6+4의 총 22마디로 이루어져 있다. 각각의 숫자는 선율 구성의 의미보다는 가사의 운을 구성하는 의미에서의 프레이징이며, B파트의 6은 핵심이 되는 가사를 반복함으로써 하이라이트를 유도하다 보니 마디 수가 2마디 늘어나게 됐다.

그들의 종교인 이슬람은 음악에 있어 악기 연주보다는 노래(라기보다는 낭송 음)를 선호한다. 따라서 선율이나 리듬의 흐름보다는 시나 가사(본질은 경전)의 운 맞추기에 더 집중하는 경향을 보인다. 이에 더해 아랍 문화권의 음악적 정체성 중 하나인 고유한 3/4 음을 생각해 보면 이 곡은 연주곡보다는 성악으로 감상해야 제격이다. 알려진 기존 곡을 쓴다는 것 자체를, 친숙함을 부여해 서둘러 국가(國歌)로 안착시키려던 시도로 봐야 하지 않을까. 하루빨리 안정을 찾아야 하는 이라크의 과제가 실현된다면, 거기에는 새 국가도 나름의 기능을 했음을 의미한다.

사우디아라비아의 국가 〈군주를 찬양하라〉

아라비아반도에서 큰 면적을 차지하는, 넓은 영토의 사우디아라비아는 중동에서 막강한 힘을 행사하는 국가다. 절대왕정 체제를 유지하며 이슬람의 성지 메카를 확보하고 있을 뿐 아니라 거대한 석유 생산량으로 국제적으로도 무시할 수 없는 나라임은 주지의 사실이다. 이 나라를 상징하는 노래도 역시 왕권을 찬양하는 〈군주를 찬양하라(an-Nasid al-Wataniyy)〉다.

사우디아라비아의 현 영토는 본래 농경이 불가능한 사막 지대로 역사상 그다지 중요한 지역이 아니었다. 지방 토호들을 통한 간접 통치로 유지되던 이곳은 18세기 무함마드 이븐 사우드가 사우디제1왕국을 선포하며 현재 국가의 기틀이 잡혔다. 강대한 오스만제국과 대영제국의 진압으로 숱한 좌절을 겪은 사우디 가문은 1차 세계대전의 혼란을 틈타 리야드토후국이라는 이름으로 성공적인 정벌의 시작을 알렸다. 이후 1932년에 제2왕국과 제3왕국을 통합, 지금의 사우디아라비아왕국이 탄생하게 됐다.

1947년 나라를 상징하는 곡이 없어 고민하던 초대 국왕 이븐 사우
드(압둘 아지즈 왕)에게 이집트 작곡가 압둘 라만 알-카팁이 멜로디를
선물하고 세라즈 오마르가 관악 편곡을 맡았다. 1950년에 정식 국
가로 채택되었지만 이때까지 노랫말은 없었으며, 그 후로도 오랫동
안 가사 없이 연주로만 듣다가 이브라힘 카파지가 쓴 노랫말이 붙
었다.

> '조국과 명예가 우리를 기다린다네/ 천국에 계신 알라를 찬양하
> 리/ 초록빛 깃발을 휘날리면서/ 밝은 빛으로 인도하자/ 알라는
> 위대하다…'

이슬람국가의 국가답게 알라에 대한 찬양과 알라의 가호 아래 왕실
과 국가의 번영을 희망하는 내용이 주를 이룬다. 웅장한 관현악 도
입부에 이어 힘찬 남성 보컬이 높은음으로 알라를 찬양하는 앞 두
소절을 선창한다.

뒤이어 선동적인 가사의 바리톤 파트가 받쳐주고 합창으로 조국과
국왕의 안녕을 기원하며 곡을 마무리한다. 전제 군주정 국가답게
전체적으로 행진곡처럼 위풍당당한 '전진'의 분위기가 압도한다. 힘
찬 고음과 차분한 저음의 순차적인 등장 그리고 그 뒤로 이어지는

합창 파트라는 구성은 애국심과 종교적 자부심을 고양하는 매우 '고전적인' 음악적 장치이기도 하다.

특이한 것은 현재도 왕실은 가사가 없는 기악 버전을 사용한다는 것이다. 별도의 왕실 국가라고 할까. 흔히 이 버전은 '로얄 살루트(Royal Salute)'라고도 불리며, 왕가 혹은 외교관 인사들에게 경의를 보내는 의식의 이름이자 국가이기도 하다.

터키의 국가 〈독립 행진곡〉

한국전쟁에 네 번째로 많은 병력을 파병한 국가, 2002년 한·일 월드컵에서 3·4위 결정전을 아름답게 장식한 국가, 바로 터키다. 아시아와 유럽을 잇는 나라 터키는 유독 한국과 친밀한 관계를 유지하는 대표적 친한(親韓)국이기도 하다. 전 국민이 한국에 호감을 품고 있다는 그 묘한 인연의 기원은 저 멀리 삼국시대 무역으로까지 거슬러 올라간다. 터키인들이 자신을 일컫는 용어 '튀르크'를 한자로 차음하면, 역사 시간에 한 번쯤은 들어 봤을 단어 '돌궐'이 된다.

제목에 국가마다 지겨울 정도로 등장하는 어휘 '독립'을 내걸고 있다는 것은 타국의 국가와 별 차이가 없다는 뜻이고, 〈독립 행진곡(Istiklal Marsi)〉이란 제목대로 비장한 음조와 힘찬 멜로디가 특징이다.

'두려워 마오, 붉은 깃발이 새벽 속에서 파도를 이루면/ 우리 집

의 마지막 남은 불이 꺼지기 전까지 쓰러지지 않을 거요/ 저것은
영원히 빛나는 나의 국가의 별이오/ 저것은 나의 것, 용감한 조국
만의 것, 영웅적인 국가라오…'

터키는 한국처럼 열강의 식민 지배를 받은 적은 없으나, 1차 세계대
전에서 전신(前身) 국가 오스만투르크제국이 패전하며 국토가 갈가
리 찢길 상황에서 유럽 열강의 침공을 막아내고 독립을 쟁취한 역
사가 있다. 시인 메흐메트 아키프 에르소이가 쓴 가사에 멜로디를
붙였으며 1921년 터키공화국 국민의회에서 만장일치로 국가로 제
정되어 오늘에 이르고 있다.

터키공화국의 독립전쟁은 1918년 1차 세계대전을 종결짓는 파리강
화회의에 반발한 터키 민중의 저항으로부터 출발했다. 오스만제국
의 영토를 할양받기로 되어 있었던 아르메니아·그리스·프랑스 연합
국은 이들을 가차 없이 진압했으나, 1919년 오스만제국의 장군 케
말 아타튀르크(무스타파 케말)가 혁명을 선언하며 대국민회의를 소집
하고 군벌들과 함께 본격적인 전쟁을 수행한다.

고대 문명 시기부터 철천지원수였던 그리스는 터키의 현 수도 앙카
라까지 점령할 기세로 맹렬하게 터키 국민의회를 몰아붙였다. 현
재의 〈독립 행진곡〉은 열세에 놓인 당시 터키의 군사들을 독려하기
위해 쓰인 것이다. 게릴라전과 전면전으로 필사적 저항을 펼친 터

케말 아타튀르크

키는 결국 1923년 열강들과 강화조약을 체결하고 오스만제국을 멸
망시킨 뒤 공화국을 선포하며 독립을 쟁취했다. 케말 아타튀르크는
터키 국민의 자부심이자 가장 존경받는 인물로 자리하며 현대 터키
공화국의 국부로 추앙받는다. 〈독립 행진곡〉에는 터키 독립의 역사
와 터키공화국의 정체성이 모두 들어 있는 셈이다.

이스라엘의 국가 〈희망〉

　　세계 유일의 유대인 국가 이스라엘의 노래는 수천 년간 유대 민족이 감내해야 했던 고난의 역사로 수놓여 비장하기 그지없다. 그들은 기원전 강력한 유대 통일 왕조를 세워 시나이반도 일대를 지배했다가 AD 70년 로마제국에 의해 예루살렘을 잃고 전 세계를 방랑하는 유랑 민족이 되었다. 2천 년의 시간 동안 방랑했던 이들은 1948년 치열한 중동전쟁을 거쳐 팔레스타인 지역에 그들의 나라를 세울 수 있었다.

이스라엘의 국가 〈희망(Hatikvah)〉의 역사는 꽤나 장구하다. 시인 나프탈리 헤르츠 임베르가 1878년 우크라이나에서 쓴 시에 1888년 작곡가 슈무엘 코헨이 멜로디를 붙인 이 노래는 팔레스타인 지역에 유대 국가를 건설하자는 시오니즘(Zionism)의 물결 아래, 1897년 스위스 바젤에서 열린 제1회 국제시오니스트회의에서 유대 민족의 국가로 공식 제정되었다.

우리에게 익숙한 이 멜로디는 사실 16세기 이탈리아 노래 〈라 만토바나〉의 일부를 가져온 것이다. 〈라 만토바나〉를 활용해 체코의 명작곡가 스메타나가 쓴 교향곡 〈나의 조국〉 속 〈몰다우〉로 더욱 유명한 선율이기도 하다. 세계의 국가 중 흔치 않은 마이너 스케일의 곡이라는 점이 특기사항. 이런 단조(minor) 스케일을 취하는 국가로 터키, 불가리아 등이 있긴 하지만 소수에 그친다.

변형된 세도막 형식의 단조(minor) 음악으로 4마디 작은악절이 자체로 마무리되고 반복 이후 전혀 다른 성향의 4마디 브리지를 거쳐, 제시된 첫 작은악절의 도입부가 변형된 형태의 4마디 선율을 반복하며 마무리되는 20마디 구성의 음악이다. 선율은 단순하고 선명하며, 상기했듯 귀에 감길 정도로 친숙하다. 아일랜드의 전통 포크 음악을 듣는 듯 혹은 홍난파의 슬픈 동요를 듣는 듯 우울하고 가슴이 묵직해지도록 호소력 충만한 이 음악의 정서는 우리에게도 제법 익숙하다.

해리 벨라폰테의 노래로, 그리고 국내에서는 짓궂은 내용의 거리 노래 〈영자송〉으로, 또 MBC 제1회 대학가요제에 출전한 이명우가 〈청산별곡〉의 가사로 개작한 〈가시리〉로 널리 알려진 곡 〈밤에 피는 장미(Erev Shel Shoshanium, 에레브 쉘 쇼샤니움)〉, 이 민요 하나가 말해주듯 이스라엘 노래는 구슬프고 애처롭다.

왜 그런 걸까. 세계에서 손꼽을 정도로 명석한 두뇌를 가졌고 경제와 금융에 능통한 민족인데도 말이다. 상기했듯 어쩌면 2천 년 이상 유럽 각지와 중동 인근을 떠돌던 유대인들의 '나라 없는 설움' 때문일지도 모른다. 또한, 그 고난의 역사가 우리네 근현대사와 적지 않은 부분 유사하기 때문에 이스라엘 노래도 우리 가슴에 와닿는 것 아닐까. 뜻 모르는 낯선 이방인들의 국가임에도 불구하고 그저 듣고만 있어도 이해와 공감이 가능하다.

시온과 예루살렘을 갈망하던 유대 민족은 2차 세계대전 이후 영국이 포기한 팔레스타인에 자리를 잡고, 아랍 5국의 침공을 필사적으로 막아내며 1948년 독립 국가를 세웠다. 독립과 동시에 국가로 제정된 〈희망〉은 2004년 법에 의해 명문화된 국가로 이름을 굳혔다. 물론 네 번의 중동전쟁을 벌인 아랍 주요 나라에서는 금지곡이다.

시온과 예루살렘, 유대 민족이라는 상징성 덕에 여러 대중가요에서 샘플링되는 경우도 있다. 한국계 혈통으로 알려진 흑인 소울 드러머로 근래 미국 평단의 격찬을 받고 있는 앤더슨 팩(Anderson. Paak)의 곡 〈Come Down〉은 〈희망〉을 펑키한 버전으로 커버한 것이다. 또한, 1990년대 미국 서부 힙합을 대표한 시인 투팍(2pac)의 곡 〈Troublesome '96〉에서도 샘플링됐다. 우리나라에서는 이스라엘 국가를 찬송가나 히브리 민요쯤으로 아는 사람이 많다.

싱가포르의 국가 〈전진하라 싱가포르여〉

　　말레이반도 아래 작은 섬나라 싱가포르는 역사 속 동남아 최대 무역항의 지위를 누렸던 부국이다. 1948년 말레이시아가 영국의 지배를 벗어나 말라야연방으로 독립하고 난 후 이 나라 역시 말라야연방(1963년 말레이시아로 이름이 바뀌었다) 가입을 신청하였다. 실제로 말레이시아가 가입을 승인했다. 따라서 그때는 말레이시아의 일부였던 나라다.

그러나 싱가포르는 1965년 연방으로부터 '축출'되며 원치 않은 독립을 맞게 됐다. 말레이인(人) 중심의 정책을 펼치는 말레이시아에게 있어 화교가 절대다수를 차지하던 싱가포르는 함께할 수 없는 이웃이었다. 사실상 말레이시아 경제의 권력을 쥐고 있는 화교와의 공존을 '적과의 동침'으로 간주하고 내내 경계하던 말레이시아는 싱가포르 리콴유 주(州)총리의 간곡한 부탁에도 이들을 연방에서 쫓아내원치 않는 '독립'을 안겼다.

싱가포르의 국가 〈전진하라 싱가포르여(Majulah Singapura)〉 역시 처음에는 말라야연방의 일원이었던 싱가포르주(州)를 위해 작곡된 곡이었다. 1958년 주비르 사이드(Zubir Said)에 의해 만들어진 이 노래는 지금도 말레이어 〈마훌라 싱가푸라〉로 불린다. 물론 국제적인 도시국가를 지향하는 싱가포르답게 영어·중국어 공식 번역이 존재한다.

　'오라, 싱가포르 인민이여/ 우리 모두의 행복을 향해 나아가자/ 우리의 숭고한 이상이/ 싱가포르의 성공을 이루리라/ 오라, 우리의 새로운 정신으로/ 하나로 단결하여/ 한목소리로 환호하라/ 전진하라, 싱가포르!'

말레이시아와 인도네시아 등 동남아 대국들 사이에 위치한 소규모 도시국가로서 애초 이 나라의 운명은 불투명했다. 비록 독립이 내키지 않았지만 싱가포르는 이후 놀라운 경제 성장을 통해 '작지만 강한 나라'로, 국가 제목 그대로 '전진하는 싱가포르'로 위상을 공고히 했다. 달갑지 않은 일이 도리어 행복과 성공으로 바뀐 특이 사례인 셈이다. 일각에서는 여전히 말레이시아에서 완전히 벗어나 싱가포르만의 정서와 결을 담은, 진정 독자적인 국가가 필요하다는 의견이 대두되고 있다지만, 싱가포르인들 사이에서 새 국가에 대한 갈망은 거의 없는 것으로 전해진다. 습관의 파괴력이다.

아프가니스탄의 국가 〈아프가니스탄의 국가〉

아프가니스탄의 현재 국가는 2006년 만들어졌다. 실크로드의 중심에 위치한 이 국가의 역사가 6세기 카불 샤한 왕조부터 시작되었고, 최초의 통일국가라 할 수 있는 두라니 왕조가 시작된 것이 1747년이란 점을 생각하면, 20년도 되지 않은 짧은 국가의 역사가 의아하게 여겨질 수 있다. 이는 역사상 숱한 열강의 침공을 견뎌야 했던 아프가니스탄의 슬픈 현실을 보여준다.

아프가니스탄의 첫 국가는 영국의 침략을 막아낸 영국-아프가니스탄전쟁 이후 아프가니스탄왕국의 노래였다. 1926년부터 1943년까지 가사 없는 가곡을 사용하던 아프가니스탄왕국은 1943년부터 1973년까지 〈왕을 찬양하라〉라는 간단한 노래를 국가로 삼았다. 이후 전 총리 다우드 칸의 군사 쿠데타로 왕정이 폐지되고 공화국이 수립되면서 새로운 노래가 만들어졌다.

그러나 세력을 키우던 아프가니스탄의 좌익 세력 아프가니스탄 인민민주당(PDPA)은 다우드 칸의 공화국을 쿠데타로 전복하고 공산 국가 아프가니스탄민주공화국을 수립한다. 이때의 국가는 〈열렬해져라, 더 열렬해져라〉로 1992년까지 사용되었다.

정부 세력과 반정부 세력으로 갈라져 혼란스럽던 아프가니스탄에 1978년 소련이 개입하면서 소련-아프가니스탄전쟁이 발발한다. 공산 정권에 저항하는 군사 세력 무자헤딘은 서방의 지원 하에 게릴라 전법을 이용하여 10년 동안 소련을 괴롭혔고, 아프가니스탄은 소련에 '베트남전쟁' 격이 되었다. 그러나 소련을 물리친 무자헤딘이 군벌화되며 또다시 내전이 벌어졌고, 혼란스러운 국가를 장악한 것은 1994년 결성된, 이슬람 원리주의를 표방한 무장 조직 탈레반이었다.

엄격한 이슬람 율법으로 국가를 통치하던 탈레반 정권은 모든 대중문화를 금지했기에 1992년부터 사용된 새 국가 〈이슬람의 요새, 아시아의 심장〉 역시 사용될 일이 없었다. 그러나 2001년 9·11 테러로 본토를 공격당한 미국이 테러 주모자 오사마 빈 라덴을 숨겨주던 탈레반 정권을 응징하기 위해 대대적으로 아프가니스탄을 침공하며 탈레반 정권도 끝이 났다.

2002년부터 임시 정권에 돌아온 〈이슬람의 요새, 아시아의 심장〉은 2006년 새로운 가사의 〈아프가니스탄의 국가(Milli Surood)〉로 대체되었다.

'… 이 땅은 모든 민족의 나라/ 발루치족 우즈베크족/ 파슈툰족 하라자족/ 투르크멘족 타지크족의 땅/ 이곳에는 아랍인 구르자르족/ 파미르족 누리스탄족/ 브라후이족 키질바시족/ 또한 아이마크족 파샤이족이 함께 살고 있도다 …'

노랫말에 등장하는 민족의 숫자가 많다는 게 간단치 않은 역사를 상징하는 것인지도 모른다. 국가(國歌)의 역사가 너무 짧다. 그런데 이마저도 불안하다. 2020년 지금까지도 이어지고 있는 아프가니스탄전쟁의 결과에 따라 또 다른 노래가 생길지도 모르기 때문이다. 계속된 비극의 역사로 인해 나라를 상징할 확실한 노래가 없다는 것이 아프가니스탄의 안타까운 현실이다.

시리아의 국가 〈조국의 수호자들〉

지중해 인근의 중동 국가 시리아는 2011년부터 시작된 시리아 내전으로 전 국토가 초토화됐다. 바샤르 알 아사드 대통령의 공화국 정부군과 반군의 대결, 여기에 테러 단체 '이라크-레반트 이슬람 국가(IS)'가 혼재된 이 복잡한 내전은 종파 전쟁, 이데올로기 전쟁, 열강의 대리전쟁 양상을 띠며 수많은 사상자와 난민을 낳았다. 전쟁이 종식된다 해도 이미 폐허로 변한 이 나라가 언제 재건될지는 알 수 없다.

시리아의 역사는 1920년 1차 세계대전 이후 오스만제국으로부터 독립한 시리아아랍왕국으로부터 출발한다. 그러나 몇 개월의 짧은 독립은 프랑스의 침공으로 사라지고, 레바논과 함께 '레반트' 지역으로 묶여 군정의 통치를 받게 된다. 시리아가 독립을 쟁취한 것은 1944년 독립 선언에 이어 1946년 프랑스군의 철수가 이뤄지고 나서다.

시리아의 국가 〈조국의 수호자들(Humat ad-Diyar)〉은 프랑스 통치기인 1938년 국가로 채택됐다. 시리아 독립을 이끈 하심 알 아타시의 요청으로 시리아 시인 칼릴 마르담 베이가 가사를, 모하메드 플라이펠이 곡조를 만들었다. 1958년 시리아가 이집트와 아랍연합공화국을 성립하면서 사용이 중단됐으나, 1961년 연합 탈퇴 이후 다시 국가로 사용되고 있다. 모하메드 플라이펠은 이라크의 연주로만 된 구(舊) 국가 〈나의 조국〉을 작곡하기도 했다.

현재 이 나라를 통치하고 있는 1965년생의 젊은 바샤르 알 아사드 대통령은 아버지 하페즈 알 아사드로부터 권력을 물려받은 독재자다. 하페즈 알 아사드는 1963년 권력을 장악한 사회주의계 정당 바트당 소속으로, 1970년 쿠데타를 통해 정권을 잡았다. 바샤르 알 아사드 대통령은 2012년 미국 〈타임〉 지에 의해 '세계에서 가장 영향력 있는 100인'에 선정되었으나, 기나긴 내전으로 국가의 미래는 불투명한 상태에 놓여 있다.

아이슬란드

스웨덴

핀란드

노르웨이

에스토니아

라트비아

덴마크

리투아니아

러시아

네덜란드

벨라루스

아일랜드

영국

독일

폴란드

벨기에

체코

우크라이나

슬로바키아

프랑스

스위스

오스트리아

헝가리

몰도바

슬로베니아

이탈리아

크로아티아

루마니아

보스니아

조지아

세르비아

헤르체고비나

불가리아

몬테네그로

아르메니아

아제르바이잔

포르투갈

스페인

알바니아

마케도니아

그리스

터키

북대서양

몰타

키프로스

레바논

시리아

이스라엘

이라크

요르단

쿠웨이트

모로코

튀니지

사우디아라비아

알제리

리비아

이집트

서사하라

모리타니

말리

니제르

차드

수단

에리트레아

세네갈

감비아

부르키나파소

기니비사우

기니

베냉

나이지리아

2장 — 유럽

프랑스의 국가 <마르세유의 노래>

영국의 국가 <신이여 여왕을 보호하소서>

이탈리아의 국가 <마멜리의 찬가>

러시아의 국가 <러시아연방 국가>

독일의 국가 <독일인의 노래>

오스트리아의 국가 <산의 나라, 강의 나라>

체코의 국가 <나의 집은 어디에>

네덜란드의 국가 <나사우 가문 빌럼 공의 노래>

포르투갈의 국가 <포르투갈의 노래>

노르웨이의 국가 <그래, 우리는 이 땅을 사랑한다>

스페인의 국가 <왕의 행진곡>

폴란드의 국가 <폴란드는 아직 죽지 않았다>

스위스의 국가 <스위스 찬가>

그리스의 국가 <자유의 찬가>

아일랜드의 국가 <전사의 노래>

아이슬란드의 국가 <찬가>

스웨덴의 국가 <오래된 그대, 자유로운 그대>

핀란드의 국가 <우리의 땅>

크로아티아의 국가 <우리의 아름다운 조국>

헝가리의 국가 <찬가>

벨기에의 국가 <브라반트의 노래>

프랑스의 국가 〈마르세유의 노래〉

두말할 필요 없이 세계에서 가장 유명한 국가일 것이다. '지구
촌 대표 국가' '국가 중의 국가'로 불린다. 콘텐츠 사이트 '워치모조'는
'세계 국가 톱10'에서 프랑스 국가를 국가 가운데 1위로 꼽았다.

프랑스 국가와 관련해 가장 먼저 떠오르는 대중적 사례는 1967년 비
틀스의 노래 〈올 유 니드 이즈 러브(All You Need Is Love)〉가 될 것이
다. 비틀스는 주지하다시피 영국 밴드임에도 불구하고 이 곡의 포문
을 여는 소리로 놀랍게도 프랑스 국가를 배치했다. 왜 그랬을까.

1967년은 기성세대의 가치와 질서에 반(反)하여 서구의 젊은 지성들
이 대규모 회의를 표출하며 저항의 움직임을 세력화한, 이른바 히피
(hippie) 운동이 절정에 달하던 시점이었다. '가치의 절대성 아닌 상대
성'과 '사랑과 평화'를 신봉한 히피 청년들은 그해 여름 대규모 집회와
시위에 가담해, 이상적이긴 하지만 집단적인 사회의식을 실천하기에
이른다. 그들은 이를 '사랑의 여름(Summer Of Love)'이라 일컬었다.

그들의 슬로건인 사랑과 평화를 히피들은 꽃으로 상징했다. 히피 운동을 그래서 '플라워 파워 무브먼트(Flower Power Movement)'라고 도 한다. 비틀스도 당시 히피와 플라워 파워 무브먼트에 깊숙이 개입했다. 히피 일반의 정서라고 할 청춘의 사회적 욕망, 집단의식, 소외 그리고 삶의 고독을 담은 앨범, 이른바 〈페퍼 상사의 외로운 마음의 클럽 밴드(Sgt Pepper's Lonely Hearts Club Band)〉를 '사랑의 여름'의 한복판인 시기에 출시, 최고 밴드답게 그 흐름을 주도했다.

빼어난 실험적 사운드와 곡의 질감을 넘어 이 앨범이 대중음악 역사상 '명반 중의 명반'이란 찬사를 받는 것은 예술성 외에 이러한 사회적 시의성을 갖추고 있기 때문이다. '네게 필요한 모든 것은 사랑'이라는 제목이 말해주듯 별도의 싱글로 발표한 〈올 유 니드 이즈 러브〉역시 '사랑의 여름'에 맞춰 내놓은 '히피 메시지' 송이었다.

> '만들어질 수 없는 것을 만들 수는 없어/ 구할 수 없는 사람을 구할 수는 없어/ 아무것도 할 수 없는 것 같지만 시간에 맞출 수는 있잖아/ 쉬운 일이야/ 네게 필요한 것은 사랑이야… 사랑이야말로 네게 필요한 거야…'

청춘의 집합적 결속력과 진취적 스피릿을 위해 내걸 만한 텍스트로 비틀스는, 특히 넷 가운데 존 레논은 거창하게도 역사적인 프랑스

비틀스

혁명을 취했다. 프랑스 국가는 다름 아닌 프랑스혁명의 포화와 투쟁을 담은 노래로 프랑스 시민혁명군의 출정가로 작곡되었다. 프랑스혁명의 시대적 배경은 널리 알려져 있다.

18세기 말 전제 군주와 봉건 귀족 등의 특권층이 지배하던 프랑스의 구체제(앙시앙 레짐)는 2%의 상위계급이 부의 98%를 독점하고 있었다. 거듭된 흉작과 자연재해에도 불구하고 가혹한 세금에 시달리던 프랑스 민중들을 대변해 평민 대표들은 귀족, 성직자들과 함께 삼부회를 소집했으나 개혁안 합의에 실패하면서 혁명의 불꽃이 타오르기 시작한다.

1789년 7월 14일 분노한 파리 시민들이 바스티유 감옥을 습격해 혁명의 무기를 탈취하면서 마침내 혁명의 막이 오른다. 체제 전복의 기운은 프로이센, 오스트리아와 같은 주변 왕정 국가들에 두려움을 불러왔고, 이들이 혁명을 제압하기 위해 대(對)프랑스 동맹을 결성하자 프랑스 혁명정부는 이들 국가에 선전포고를 한다.

마르세유의 행진곡 〈마르세유의 노래(La Marseillaise)〉는 바로 이 프랑스혁명 투쟁과 함께 탄생했다. 조국을 위해 프랑스 각지에서 의용군이 조직되어 파리로 상경하는 과정에서 마르세유 지역 의용군의 사기를 높이고 투쟁심을 고취하려는 뜻에서 프랑스 공병 대위 루제 드 릴(Rouget De Lisle)이 〈마르세유의 노래〉를 작곡한 것이다. 가사 내용이 호전적이고 선동적인 것은 너무나 당연하다. 세상의 변혁을 바랐던 '문화 게릴라' 존 레논이 〈올 유 니드 이즈 러브〉에 프랑스 국가의 팡파레를 울린 것은 바로 이러한 투쟁성과 사기 진작의 맥락에서 이해할 수 있다. 하지만 최근 이 노래는 루제 드 릴의 작품이 아니라 이탈리아 작곡가 지오반니 바티스타 비오티가 1781년 작곡한 〈다장조의 주제와 변주곡〉이 기초라는 사실이 밝혀졌다. 어찌 되었든 혁명의 메시지가 선언한 이 노래는 곧바로 프랑스 제1공화국의 국가가 되었고, 프랑스혁명 후 위기에 빠진 나라를 구해 영웅이 되었지만 스스로 황제가 되어 다수 인민을 실망시켰던 나폴레옹의 시대와 왕정복고 시대 동안 금지곡으로 지정되었다가 100년이 지난 1879년에야 국가로 부활했다.

4분의 4박자의 행진곡으로 강렬한 인상을 주는 첫 4소절이 단연 대중 기억의 으뜸을 차지해 비틀스의 〈올 유 니드 이즈 러브〉뿐 아니라 전설의 영화 '카사블랑카'에서 독일군에 맞서는 프랑스군의 상징으로 사용되어 강한 인상을 남긴 것도 잊을 수 없다. 차이코프스키의 〈1812년 서곡〉을 비롯해 클래식 시대에는 베를리오즈, 슈만, 리스트 등 유명 작곡가들이 프랑스를 상징하는 노래로 편곡해 역사적 친숙화가 오랫동안 이뤄졌다.

〈마르세유의 노래〉가 얼마나 유명한지, 러시아는 혁명기에 마치 국가처럼 불렀고 중국의 경우도 천안문 사태 때 시위 학생들이 두 손 높여 목청껏 불렀을 정도다. 자국에 국한되지 않는 '세계성'을 획득한 것이다. 이 프랑스 국가는 지금도 존 레논의 〈이매진〉이나 아일랜드 록 밴드 유투(U2)의 〈선데이 블러디 선데이〉만큼이나 자유·인권·평등이 슬로건으로 내걸린 현장에서 인기를 누린다. 25개국에 생중계되어 3억 명이 지켜봤다는 영국의 특집 TV 프로그램 '아워 월드(Our World)'에 비틀스가 출연해 소개한 〈올 유 니드 이즈 러브〉가 프랑스 국가를 널리 알리는 데 기여했음은 부인하기 어렵다. 대중문화의 드높은 위상이다.

구성을 보면 첫 악절(phrase) 이후 전개되는 선율은 2마디 단위의 동기(motive)가 자유롭게 더해지며 장조의 씩씩한 프레이즈를 이끌다 단조(minor)로 바뀌며 드라마틱한 반전을 이룬다. 그리고 결국 승리를 다짐하는 힘찬 선언을 상징하는 장중한 하이라이트 선율을 유도

한 후 그 선율을 한 번 더 재현(reprise)하며 대단원의 막을 내린다. 다채로움이랄까. 이것도 다소 획일적인 여타 국가 형식과는 달라 음악적인 평가를 받기도 한다.

38마디 전후의 음악을 구성하면서도 이처럼 형식적 변화를 꾀하고 있는 것은 누구보다도 먼저 절대왕정의 깊은 망령에서 벗어나 시민에 의한, 시민을 위한 민주주의를 이끌어낸 프랑스 특유의 자유정신과 관련 있을 것이다. 프랑스 사람들의 자긍심은 국가에서도 읽을 수 있다. 2015년 풍자 주간지 〈샤를리 엡도〉에 대한 이슬람 극단주의자들의 테러를 비롯해 11월 무려 일곱 곳에서 연쇄 테러가 발발하자 프랑스 국민은 〈마르세유의 노래〉를 부르며 애국심을 고취하고 국가적 단결을 연호했다.

국가가 탄생한 지 200년이 지난 지금까지도 프랑스와 파리 사람들은 '자유·평등·박애'의 가치를 국가와 함께 애국심과 자부심으로 연결한다. 하지만 위대한 프랑스 국가마저도 이 시대 '국가의 위기'에서 자유롭지 않다. 가사 측면에서의 선동성은 물론이요, 외국인들에게 배타적이고 혐오적인 내용이 산재해 가사를 부드러운 언어로 수정해야 한다는 여론이 쭉 이어져 왔다.

실제로 프랑스의 식민 통치를 받은 북아프리카 국가 알제리 사람들은 〈마르세유의 노래〉에 상당한 반감을 갖고 있는 것으로 전해진다. 이민자 출신 축구 스타들은 국가 대항전에서 국가 제창을 거부하고 가사에 대한 반대 성명을 내놓기도 한다. 솔직히 1절만 해도 가사가 조금 섬뜩하고 잔인하다. 인권국가의 이미지와는 전혀 어울리지 않는다.

'일어나라 조국의 자식들이여!/ 압제자들이 우리를 향해 피 묻은 깃발을 쳐들었다/ 들리는가, 저 흉포한 적들의 으르렁거리는 소리가/ 저들은 우리 품 안에 뛰어들어 우리 처자(妻子)의 목을 따려 한다/ 무기를 들어라 시민이여!/ 부대를 만들어 전진하라!/ 놈들의 더러운 피가 우리의 밭고랑을 적시도록!'

그럼에도 국가가 맞이한 현실처럼 수정하자는 의견 못지않게, 역사적 상황이 전제된 노랫말 배경을 따지지 않고 무조건 부드러운 톤으로 바꾸자는 것은 프랑스의 역사를 무시하는 주장이라는 반론도 존재한다. 국민의식 여론조사도 가사를 수정하는 것에 대한 공감 의견이 많긴 하지만 '오래된 것이니 그냥 놔두자' '손대기에는 너무 늦었다'라는 보수적 여론이 더 강한 것으로 나타난다. 사실 국가에 대해 이런 입장이 우세한 나라들이 많다. 하지만 지구촌 개방성 시대에 부합하지 않는 가사와 관련, 프랑스 국가에 대한 논란은 앞으로도 끊이지 않을 것으로 보인다.

영국의 국가 〈신이여 여왕을 보호하소서〉

영국의 국가 〈신이여 여왕을 보호하소서(God Save The Queen)〉는 역사성과 예술성을 떠나 아마도 프랑스 〈마르세유의 노래〉와 더불어 세계에서 가장 유명한 국가 중 하나일 것이다. 전 세계를 영토로 두며 '해가 지지 않는 나라' 대영제국의 위세를 떨쳤던 영국. 〈신이여 여왕을 보호하소서〉는 지금도 영국 왕실뿐 아니라 그들이 식민지로 삼았던 국가들이 결성한 영연방에서 여전히 왕을 국가 원수로 삼는 나라들에서 활발히 불린다. 게다가 영국은 미국과 함께 팝의 강국으로 군림하며 미디어를 장악해 자국의 음악을 더욱 널리 알릴 수 있는 조건을 확보했다.

역사도 오래되었고 대중음악 세대들에게도 친숙한 곡이다 보니 흥미로운 점도 많다. 우선 이 노래의 정확한 작곡자가 미상이다. 바로크음악 풍의 멜로디인 것은 확실한데, 헨리 퍼셀, 헨리 캐리 등 후보는 많이 있을지언정 주인공은 확실히 밝혀진 바가 없다.

그리고 영국은 공식적인 성문법으로 이 노래를 국가로 제정한 적이 없다. 관습법이 지배하는 영국답게, 나라를 대표하는 노래를 불러야 할 때 〈신이여 여왕을 보호하소서〉를 부르는 것뿐이다. 우리 〈애국가〉와 마찬가지다. 영국인들에게 〈신이여 여왕을 보호하소서〉를 대체할 수 있는 국가(國歌)급 노래로 사랑받는 〈룰, 브리타니아!(Rule, Britannia!)〉 〈아이 바우 투 디 마이 컨트리(I Vow To Thee My Country)〉도 있지만, 이 노래들은 〈신이여 여왕을 보호하소서〉만큼의 대중성을 갖고 있진 못하다.

1745년 무렵 출판된 곡으로 추정되며, 바로크 시대에 유행했던 A-B 형식, 즉 우리의 〈애국가〉처럼 두도막 형식(binary form)이고 4분의 3박자의 장조 음악이다. 보편적 형식으로 작곡되었으면 총 16마디 구성이었겠지만, 가사의 영향으로 A 악절이 6마디로 줄어들면서 6+8의 14마디로 구성되었다. 따라서 A 악절은 다소 미완의 느낌이나, B 악절의 흐름은 전형적인 바로크 스타일로 무척 유려한 선율을 지니고 있다. 당대 영국의 자랑 헨델의 〈제전 오라토리오(Occasional Oratorio)〉의 주요 테마로 활용된 이후 영국을 대표하는 선율로 자리잡았고, 북유럽의 몇몇 나라는 물론이고 초기 미국의 송가(anthem) 선율로 활용되기도 했다.

왕실을 찬양하고 국왕을 높이는 노래이기에 영국 국왕은 이 노래를 부를 수 없다. 여왕의 치세에는 '퀸', 왕의 치세에는 '킹'으로 단어가

치환되며 여성형 대명사와 남성형 대명사가 번갈아 사용된다. 현재 영국은 1952년 즉위한 엘리자베스 2세 여왕의 치하지만, 장남 찰스 왕세자가 왕위를 물려받으면 〈신이여 여왕을 보호하소서〉는 〈신이여 왕을 보호하소서(God Save The King)〉가 될 것이다.

대중음악 팬들에게도 〈신이여 여왕을 보호하소서〉는 유명하다. 영화 '보헤미안 랩소디'의 주인공으로 지금의 젊은 세대와도 궁합을 맞춘 '현재진행형 전설'의 밴드 퀸(Queen)은 팀 이름답게 공연 마무리에 〈신이여 여왕을 보호하소서〉의 기타 버전 편곡을 들려주었으며, '라이브 에이드(Live Aid)' 이듬해인 1986년 웸블리 구장에서도 이 곡을 공연해 압도적인 합창을 이끌어냈다. 2002년 기타리스트 브라이언 메이는 엘리자베스 2세 즉위 50주년을 축하하며 버킹엄 궁전 옥상에서 기타로 이 노래를 연주하기도 했다.

이 대목에서 영국을 발칵 뒤집어놓은 펑크 록(punk rock) 밴드 섹스 피스톨스(Sex Pistols)의 동명의 곡을 얘기하지 않을 수 없다(국내에서 펑크 록은 1997년 크라잉넛의 〈말 달리자〉가 소개되며 대중화에 성공했다). 1977년 영국이 굴욕적이게도 국제통화기금(IMF) 통치하에 놓이면서 실업자를 양산하던 때다. 섹스 피스톨스가 부른 조롱과 분노 섞인 〈신이여 여왕을 보호하소서〉는 그룹 퀸의 여왕 찬가와는 전혀 성격을 달리한다.

어쩌면 여왕 찬가나 부르는 퀸을 욕보이기 위해 같은 제목의 곡을

섹스 피스톨스의 〈신이여 여왕을 보호하소서〉

만들었을 수도 있다. 두 곡은 제목만 같을 뿐 멜로디는 조금도 공통점이 없다. 오히려 '신이여 여왕을 보호하소서/ 이 파시스트 정권을 말입니다/ 관광객들은 돈이 되거든요'라는 가사는 권위와 허세에 물든 영국 왕실에 대한 당시 영국 청년들의 분노를 상징한다. 록의 역사를 새로이 몰고 간 펑크 록의 개화라는 점에서, 팝의 역사에서 중요한 위상을 차지하는 곡이다.

영국의 국가는 지금도 젊은 세대와 정서적으로 유리된 것으로 평가받는다. 많은 나라의 국가가 그렇지만 영국 국가도 인기가 없다. 베이비붐 세대까지는 국가가 나름 위신을 지켜왔지만 이후 세대들의 가치지향이 달라지면서 국가의 위신이 흔들리는 것이 세계 각국에서 공통으로 나타나는 흐름이다. 국가의 순조로운 대물림은 영국에서도 요원하다.

이탈리아의 국가 〈마멜리의 찬가〉

　'빗장 수비'로 유명한 '아주리 군단' 이탈리아 축구 대표팀이 국가 대항전을 치를 때 유독 비장한 모습으로 국가를 부르는 모습을 본 적이 있을 것이다. 경기장에 울려 퍼지는 웅장하고 당당한 느낌은 '이탈리아의 형제들(Fratelli d'Italia)'이라는 첫 소절로 충분하다. 거기에 이미 이탈리아인들 간에는 끈끈한 단합이 이뤄진다. 그래서 '이탈리아의 형제들'은 찬가의 다른 이름이기도 하다. 오페라와 르네상스 예술의 중심지로 알려진 우아한 향연의 나라. 그와 동시에 영화 '글래디에이터'와 맞닿은 전투의 이미지는 복잡다단한 역사와 통한다. 〈마멜리의 찬가(Inno Di Mameli)〉가 국가로 정착되기 전, 이탈리아 왕국 시기에는 1861년부터 1922년까지 〈왕의 행진〉을 사용했다. 파시즘 정권인 1922년부터 1943년까지는 〈젊음〉으로 바뀌게 된다. 그리고 1946년 군주제 폐지에 따라 〈마멜리의 찬가〉가 채택되어 오늘로 이어진다.

'이탈리아'라는 말은 〈마멜리의 찬가〉가 지정되기 전과 후의 이미지가 꽤 다르다. 통일 전 이민족의 지배를 받던 이 나라는 정치적 통일을 꿈꾸기가 어려웠다. 이처럼 지리적인 표현에 머물러 있던 이탈리아는 프랑스혁명과 나폴레옹의 영향을 받게 된다. 여기서 배태된 '자유' 의식은 이민족의 간섭과 지배에서 벗어나 이윽고 독립과 통일의 달성을 염원하는 움직임에 불을 붙인다. 마침내 로마제국 이래 2천 년 동안 분열되었던 이탈리아가 통일을 실현하고 현재의 의미를 갖추게 된 것이다.

국가 〈마멜리의 찬가〉는 바로 이런 독립과 통일 운동이 한창일 때 군인 고프레도 마멜리가 쓴 시로부터 비롯한다. 마멜리는 이탈리아 통일에 결정적으로 기여한 가리발디 장군의 휘하로 통일전쟁에 참

고프레도 마멜리

여하여 전사한 인물이다. 이후 제노바 출신의 작곡가인 미켈레 노바로가 마멜리가 지은 시를 토대로 만들게 되는데, 시기적으로 국민의 단합이 가장 절실할 때 만들어져 의미를 더한다.

어쩌면 빗장 수비는 팀원들이 뭉쳐야 가능하다는 것을 전제하면 단합과 사실상 동격이라 할 국가를 이탈리아 축구 선수들이 숙연하게, 또 목놓아 부르는 게 이해가 된다. 후반부는 거의 아우성 수준이다. 용맹한 그들의 외침처럼 〈마멜리의 찬가〉는 위풍당당한 전형적인 행진곡의 성격을 갖고 있다. 군대 또는 집단이 질서를 유지하며 행진할 수 있도록 하는 데는 단순 명쾌한 리듬이 제격 아닌가.

도입부는 힘찬 관악기가 중심이 되어 분위기를 고조시킨다. '환희와 승리' '왕의 권위와 품격'을 상징하는 '남성적인' 트럼펫 소리가 단연 압도한다. 점차 절정에 이를 때는 절도 있게 끊어 연주하는 현악기의 하모니가 한데 어우러져 장엄함을 빚어낸다. '우리는 죽을 준비가 되었으니(Siam Pronti Alla Morte)'를 후렴에서 두 번이나 지르는 것은 나라를 짓기 위해 목숨을 내건 용사의 비장함이다. 그것은 마치 '우리는 수 세기 동안 억압당하고 비웃음을 당했다'며 '이제는 우리가 모여야 산다'고 천명하는 것 같다.

이탈리아의 음악은 벨칸토(belle canto)와 오페라(opera)로 직결된다. 이는 그만큼 이탈리아가 음악적이며 특히 성악에 관해서라면 비교 불허 1순위라는 뜻이기도 하다. 명불허전 이탈리아의 국가 역시 성악의 관점에서 높은 수준을 평가받는다. 4분의 4박자 행진곡풍은 중소규모 브라스밴드보다는 대규모 오케스트라 연주가 훨씬 잘 어울리고 선율의 안배 역시 독창으로도 훌륭하지만, 합창으로 들으면 훨씬 더 짜릿하다.

노래 잘하는 국민의 자존심일까. 후렴 부분은 심지어 전조(轉調, modulation)까지 이루어지는데 이 자리는 합창이 정말 그럴싸하게 잘 어울린다. 상기했듯 소리를 버럭버럭 질러도 괜찮다. 마치 오페라의 피날레를 듣고 있는 듯 감동이 밀려든다. 베네치아에 가면 일개 뱃사공도 다 성악가라더니, 노래에 일가견 있는 이탈리아 사람들은 국가도 오페라처럼 만들어 불러야 성에 차는 걸까.

러시아의 국가 〈러시아연방 국가〉

2018년 러시아 월드컵 때의 일이다. 모스크바 루즈니키 스타디움에 모인 8만 명의 관중이 〈러시아연방 국가(Гимн Российской Федерации)〉를 합창하는 장면은 전 세계에 러시아의 존재감, 아니 위압감을 심어주기에 충분했다. 20세기에 미국과 냉전 구도를 형성했던 소비에트연방(이하 소련)의 〈소비에트연방 찬가〉 선율에 새로운 가사를 입힌 이 노래는 체제가 변환되었어도 강력한 군사력과 광활한 영토를 배경으로 여전히 막강한 힘을 자랑하는 국가 러시아를 상징한다.

〈소비에트연방 찬가〉의 작곡자 알렉산드르 알렉산드로프는 1918년부터 모스크바음악원의 강사로 재직했던 성공한 작곡가다. 소련은 본래 전 세계 공산주의의 상징 〈인터내셔널가〉를 국가로 사용하고 있었다. 지도자 스탈린은 1943년 2차 세계대전 중에 국가주의를 고무하기 위해 새로운 국가의 작곡을 의뢰했다. 이에 알렉산드로프가

〈볼셰비키당 찬가〉의 멜로디를 고쳐 새 선율을 만들었고, 역시 저명한 극작가 세르게이 미할코프가 가사를 붙였다. 〈소비에트연방 찬가〉는 이렇게 만들어졌다.

러시아혁명 그리고 레닌과 스탈린을 찬양하는 이 노래는 1953년 흐루쇼프가 스탈린을 비판하면서 스탈린을 찬양하는 문구가 삭제되긴 했으나 1991년까지 국가의 지위를 유지했다. 1991년 소련이 해체되자 러시아의 초대 대통령 보리스 옐친은 〈소비에트연방 찬가〉 대신에 18세기 러시아 고전 음악의 아버지로 꼽히는 미하일 글린카의 〈애국가〉를 새 국가로 제정했다.

그러나 〈애국가〉는 〈소비에트연방 찬가〉에 비해 대중적 호응을 이끌어내지 못했다. 1993년과 1998년에 가사를 대대적으로 공모했지만 선정작으로 채택된 것이 없어 가사 없는 기악곡으로 전락해버렸다. 아이러니한 국가의 시련이다.

러시아 국민들은 소련을 미워하면서도 마음속으로는 소련에 대한 향수를 갖고 있었다고나 할까. 러시아연방의 공산당은 공산주의 소련의 국가를 다시 사용하자고 주장했고, 공산주의 시절의 잔재를 청산하던 옐친 대통령은 이를 반대하면서 어정쩡한 상태가 되었다. 드높은 인기 덕에 2000년 대통령이 된 '신(新) 차르' 블라디미르 푸틴은 이런 여론을 바탕으로 〈소비에트연방 찬가〉를 되살리게 된다. 〈소비에트연방 찬가〉의 가사를 썼던 세르게이 미할코프는 자본주의 체제의 러시아연방을 위해 다시 호출되어 또 한 번 새로운 노랫말을 썼다. 〈러시아연방 국가〉는 2000년 12월 30일 러시아연방의 국가로 정식 제정되었다.

'러시아, 우리의 신성한 나라여/ 러시아, 우리가 사랑하는 조국이여!/ 강인한 의지와 위대한 영광이/ 너와 언제나 함께하리라!/ 찬양하라, 우리의 자유로운 조국이여/ 오랜 형제 민족들의 연합이여/ 선조로부터 물려받은 민중의 지혜여!/ 찬양받으라, 조국이여! 우리는 그대가 자랑스럽다!'

독일의 국가 〈독일인의 노래〉

    독일의 국가는 고전주의 시대의 대표적인 작곡가이자 '교향곡의 아버지'로 추앙받는 하이든이 오스트리아제국 프란츠 황제에게 헌상한 현악 4중주 〈황제(Emperor) String Quartet No. 62 in C Major, Op. 76, No. 3〉 2악장인 〈신이여 프란츠 황제를 보호하소서〉의 주요 선율을 사용하고 있다. 하이든은 1797년 에르되디(Erdody) 백작의 의뢰로 곡을 써 '에르되디 4중주'라는 별명을 얻은 여섯 곡의 현악 4중주를 만들었다. 하이든의 2악장 선율에 로렌츠 하슈카의 가사가 더해지면서 오스트리아제국의 공식적인 곡으로 자리를 잡는다.

독일 국가의 시초를 따져 보면 오스만제국이 유럽을 정복하던 시절로 거슬러 올라간다. 당시 작사 미상의 〈오이겐 왕자, 고귀한 기사〉라는 민요가 불렸으며, 이후 다수의 노래가 유사 국가로 이용되어 왔다.

그 가운데 먼저 국가로 지정된 것은 〈그대에게 승리의 왕관을〉이란

하이든

곡이다. 1871년 독일제국이 수립될 무렵이었으며, 영국 국가 〈신이여 여왕을 보호하소서〉를 가사만 바꾼 곡이었다. 같이 불렸던 다른 노래들도 마찬가지였다. 다른 나라 곡에 가사를 붙이는 것이어서 그런지, 〈라인강의 수비〉 같은 밝은 느낌의 곡도 자주 불렸다. 어떤 가사든 애국적인 메시지의 틀을 벗어난 것은 없었다.

이후 1919년 수립된 바이마르공화국에서 1922년 초대 대통령 프리드리히 에베르트가 〈독일인의 노래(Deutschlandlied)〉를 국가로 공식 선포했다. 이는 상기한 하이든의 현악 4중주 〈황제〉 2악장의 선율에 독일의 민족주의 시인으로서 유럽의 민요 수집으로 평판이 자자했던 호프만 본 팔러슬레벤의 시 '독일, 가장 뛰어난 독일이여'를 가사로 붙인 음악이다.

나치 독일 시대부터 1945년 나치 항복 때까지는 '독일인의 노래'라는 제목이 아니라 팔러슬레벤의 시 제목인 '독일, 가장 뛰어난 독일이여'로 바뀌었다. 또한, 〈호르스트 베셀의 노래〉라는 곡이 나치당의 당가로 국가에 준하는 대우를 받았다.

독일 분단 후 서독에서는 원래의 국가 〈독일인의 노래〉로 돌아갔고, 동독에서는 무조 음악의 쇤베르크의 제자 아이슬러가 작곡하고 시인이자 문화부 장관이었던 베허가 작사한 〈폐허에서 부활하여〉를 국가로 지정해 사용했다. 동독의 국가는 대부분의 국가가 진취적인 분위기인 데 반해 약간은 서정적인 느낌을 준다. 그렇게 시간이 흐르고 흘러 마침내 통일된 후에는 서독의 〈독일인의 노래〉로 국가가 통일된 것이다.

대부분의 국가가 그렇듯 가사에 애국심이 담기는 것은 당연하지만, 1절은 제국주의(모든 것 위에 군림하는 독일!)가, 2절은 남성우월주의(독일의 여인, 독일의 성실, 독일의 와인, 독일의 노래!)가 드러나 지금은 3절만 정식 국가로 불리는 실정이다. 아직도 소멸하지 않고 일부에 남아 있는 나치당의 찬가는 물론이고 저 옛날 독일제국의 국가도 현재는 교육용을 제외하고는 모두 금지되어 있다.

나라를 대표하는 곡을 선정하고 관리하는 것은 역사적으로 민감한 일이기 때문에 독일답게 신중을 기하고 있음이 나타난다. 하지만 지금도 독일 출신이 아닌 엄연히 오스트리아 로라우 출신 작곡가의 작품을 국가로 채택하고 있는 것은 조금은 아이러니하다.

하긴, 고전주의를 대표하는 하이든의 곡을 쓰는 것에 반발하기는 어려울 것이다. 같은 독일어권 국가이기도 하고 바흐, 베토벤, 모차르트, 슈베르트 등 이 지역 출신의 위대한 음악가들을 함께 묶는 데 익숙하기에 별 차이를 느끼지 않는 듯하다. 베토벤도 독일 출신이었지만 음악에 열광했던 오스트리아 황제의 지원에 힘입어 오스트리아 빈 중심으로 음악이 융성한 덕에 빈에서 활동을 많이 했다.

시대를 정의한 작곡가의 작품을 바탕으로 했음을 증명이나 하듯이, 정갈하고 선명한 선율은 완벽한 고전주의적 형식미를 구현하고 있다. 예술적이며 고품격이다. 하지만 이 곡의 아킬레스건은 민족주의적이고 패권적인 성향의 노랫말이다. 한때 나치의 팽창주의를 대변하며 독일의 '흑역사'를 이끌기도 했다. 독일의 역사처럼 독일 국가의 역사도 평탄치 않았다고 할까. 독일의 국가가 웅변하듯 글로벌 평화 시대를 지향하는 지금 과연 국가가 시대적 분위기와 동행하며 조화할 수 있는가 하는 본질적 의문을 던지게 된다.

오스트리아의 국가 〈산의 나라, 강의 나라〉

　　유럽 중남부의 오스트리아는 한때 제국을 건설하며 유럽 전역에 막강한 영향력을 행사했으나 1차 세계대전 패전 이후 조그만 영세중립국이 되었다. 하이든, 모차르트, 슈베르트 등 위대한 고전 음악가들을 비롯한 예술인들의 고향이자 알프스산맥의 드넓은 자연환경으로 유명한 이 나라는 국가 역시 모차르트의 작품에서 선율을 따왔다.

오스트리아-헝가리제국 시절의 〈신이여 프란츠 황제를 보호하소서〉는 '교향곡의 아버지' 하이든의 작품이었다. 이 노래는 하이든의 현악 4중주 〈황제〉로 유명하며, 현재 독일 국가 〈독일인의 노래〉 멜로디로도 쓰인다. 1차 세계대전 이후 황실이 사라지고 공화국으로 새로 태어난 오스트리아는 이 멜로디에 군주적 요소를 뺀 새 가사를 붙여 계속 사용했으나, 1938년 나치 독일이 '안슐루스'라는 명목 하에 오스트리아를 합병한 후에는 나치 당가인 〈호르스트 베셀의 노래〉가 같이 불리게 된다.

이 노래는 2차 세계대전에서 나치 독일이 패하고 나서도 국가의 지위를 유지하였으나, 나치의 잔재라는 이유로 새로운 국가 제정의 필요성이 제기되었다. 이때 1년 남짓한 시간 동안 요한 슈트라우스 2세의 〈아름답고 푸른 도나우강〉, 페르디난트 프라이스의 〈오 나의 오스트리아〉 등이 임시로 국가의 지위를 누렸다.

1946년 오스트리아 정부는 모차르트의 생애 마지막 작품 〈프리메이슨 칸타타〉에서 선율을 따오고 여성 문학가 파울라 프레라도비치의 가사를 붙여 〈산의 나라, 강의 나라(Land der Berge, Land am Strome)〉를 완성하고 마침내 그들의 국가로 제정한다.

〈산의 나라, 강의 나라〉와 관련해서 크게 두 가지 논란이 제기되었다. 하나는 작곡 측면에서 이 곡이 모차르트의 것이 아니라 요한 홀처(Johann Holzer)의 작품이라는 일각의 주장이었다. 하지만 판을 뒤집지는 못했다. 두 번째 논란은 가사 측면으로, '아들들' '형제들'이라는 표현이 성평등과 부합하지 않는다는 비판에서 비롯되었다. 2012년 오스트리아 정부는 '아들들' 앞에 '딸들'을 추가하고 '형제들의 합창'은 '환희의 합창'으로 가사를 고쳐 연방 헌법에 반영했다.

체코의 국가 〈나의 집은 어디에〉

2005년 높은 시청률을 기록한 SBS 드라마 '프라하의 연인', 2018년 화제를 모은 tvN 예능 '꽃보다 할배'를 통해 동유럽의 아름다운 관광지로 각광 받게 된 나라가 체코다. '현지에 가보면 늘 한국 관광객과 마주친다'라는 말이 나올 만큼 핫한 여행지로 부상했다.

이 나라가 체코라는 이름으로 불리게 된 지는 채 100년이 되지 않았다. 고대 민족 국가, 모라비아왕국, 보헤미아왕국을 거쳐 오스트리아-헝가리제국의 일원이던 이 나라는 1918년 1차 세계대전을 겪고 나서 체코슬로바키아라는 이름으로 독립을 쟁취했다.

하지만 체코인과 슬로바키아인은 둘 다 슬라브 계통의 혈통이라는 것과 언어가 유사하다는 것을 제외하면 사실 공통점이 거의 없었다. 체코는 오스트리아 합스부르크 왕가의 일원이었고, 슬로바키아는 헝가리왕국의 지배를 받았다. 헝가리의 핍박 하에 경제 발전이 더뎠던 슬로바키아와 달리 체코는 합스부르크 왕가의 치세 아래 상대적으로 자유롭고, 부유하게 살았다. 두 민족의 형편이 너무 달랐던 것이다. 오스트리아-헝가리제국의 해체를 주도한 미국 대통령 우드로 윌슨의 민족자결주의 논리는 먹혀들지 않았다.

체코슬로바키아는 나라를 상징하는 국가로 두 민족을 대표하는 노래 두 곡을 엮어 사용했다. 전반부는 체코의 국가 〈나의 집은 어디에(Kde Domov Mùj)〉, 후반부는 슬로바키아의 전통 민요에 바탕을 둔 〈타트라산맥에 번개가 쳐도〉가 이어지는 일종의 메들리 형식이었다. 서로 다른 환경을 반영한 두 노래를 억지로 하나에 욱여넣은 것이라고 할까.

체코의 〈나의 집은 어디에〉는 1834년 프란티셰크 얀 슈크로우프가 선율을 만들고 요제프 카예탄 틸이 가사를 붙인 곡이다. 원래는 1834년 '노 앵거 앤 노 브롤(No Anger And No Brawl)'이라는 연극의 배경음악이었는데, 체코 사람들에게 인기를 얻으면서 체코를 상징하는 노래로 승격되었다. 체코의 국민 작곡가 안토닌 드보르작 역시 〈나의 집 서곡〉이라는 이름으로 이 노래를 즐겨 연주했을 정도다. 합스부르크 왕가 치하에서도 비공식 국가로 인정받던 이 노래는 1918년 체코슬로바키아가 독립하면서 대외적으로 체코를 대표하는 노래로 자리 잡았다.

〈나의 집은 어디에〉가 곧바로 이어지는 〈타트라산맥에 번개가 쳐도〉와 전혀 다른 분위기를 띤다는 사실이 재미있다. 목가적인 풍경과 평화로운 조국, 그 속의 강인한 정신력을 찬미하는 〈나의 집은 어디에〉가 부드러운 곡조라면 〈타트라산맥에 번개가 쳐도〉의 분위기는 비장하고 장엄하다. 클래식 작곡가의 작품과 전통 민요의 차이를 금방 알아챌 수 있다는 것은 이 조합이 '억지 콜라보레이션'임을 방증한다.

2차 세계대전 이후 소련의 위성국가가 된 체코슬로바키아는 1968년 '프라하의 봄'이라 불리는 민주화 운동을 대대적으로 벌였으나, 소련의 20만 붉은 군대는 이들을 무자비하게 진압했다. 1988년 고르바초프 서기장의 개혁·개방 정책에 힘입어 체코슬로바키아는 비로소 공산당 일당 독재를 청산했다. 하지만 근본적으로 달랐던 체코와 슬로바키아는 함께할 수 없는 운명이었다. 결국, 1990년 '벨벳혁명'을 거쳐 두 나라가 완전히 분리되면서 체코는 〈나의 집은 어디에〉로, 슬로바키아는 〈타트라산맥에 번개가 쳐도〉로 국가(國歌) 또한 완전히 나뉘었다. 두 나라에 어찌 국가가 하나일 수 있겠는가.

네덜란드의 국가 〈나사우 가문 빌럼 공의 노래〉

네덜란드의 국가 〈나사우 가문 빌럼 공의 노래(Wilhemus van Nassouwe)〉는 꽤 익숙한 국가 가운데 하나다. 아무래도 올림픽이나 월드컵에 자주 출전하는 스포츠 강국은 경기 전에 국가가 울려 퍼지고 선수들이 따라 노래하기 때문에, 자주 접할 경우 친숙해지는 것은 당연하다.

1970년대 중반 이후 '전원 수비 전원 공격'을 핵심으로 하는 이른바 '토털 사커(Total Soccer)'를 이끈 '축구의 전설' 요한 크루이프(Johan Cruyff)가 출현하면서 네덜란드 국가의 세계적 인지도가 달라졌다. 크루이프의 네덜란드는 1974년 독일 월드컵과 1978년 아르헨티나 월드컵에서 아쉽게도 내리 준우승에 그쳤지만, 축구 역사에 거대한 족적을 남겼다. 특히 크루이프가 독일(당시 서독)과의 월드컵 결승전에서 상대 골대 왼쪽에서 구사한 페인트 기술은 '크루이프 회전(Cruyff Turn)'으로 명명되면서 보통명사화 되기도 했다. 결승전까지 올라가면서 네덜란드의 국가가 경기마다 울려 퍼졌기 때문에 세계인들의 귀에 안착했다고 할까. 아마도 지구촌의 모든 이들이 이때 비로소 네덜란드의 국가를 접했을 것이다.

네덜란드의 국가는 실은 세계에서 가장 오래된 국가이기도 하다. 가사가 쓰인 것이 1568년이고 선율이 덧붙여진 완성곡이 등장한 것이 1574년이니, 우리와 비교하면 임진왜란 이전에 만들어진 최고(最古) 노래인 셈이다. 공식 국가로 지정된 연도는 1932년이니 그리 오래된 것은 아니지만, 탄생한 지 약 500년이 되어가는 곡은 그 자체가 역사라고 할 수 있다.

곡의 주인공 빌럼 공은 네덜란드의 국부(國父)다. 유럽을 제패한 합스부르크 가문의 치하였던 베네룩스(네덜란드·벨기에·룩셈부르크) 지역에서 독립운동을 이끈 유명 귀족이다. 그는 독일에서 태어났고 홀란트·젤란트·위트레흐트주의 총독을 맡은 인물이었으나, 당시 합스부르크의 지배자 스페인과 펠리페 2세의 무자비한 통치에 등을 돌리고 반란을 주도했다.

원래 노래 가사에 네덜란드인이 아닌 '독일인'이 등장하고, '스페인 왕에게 충성하였다'라는 내용이 등장하는 것은 이런 역사적 배경을 바탕으로 한다. 1절은 독일 출신인 빌럼 공이 반란을 일으키기 전에 쓰인 내용으로, 당시 지배자였던 스페인 왕에게 충성을 바친 것은 당연한 일이다. 이후 네덜란드가 독립한 1581년 이후 구성된 2절에

'폭군을 패배시킬 것이니'라는 가사가 추가되어 독립의 당위를 확보했다. 2010년 남아공 월드컵 결승전에서 스페인과 네덜란드가 맞붙게 되었을 때 이 노래 내용이 잠시 논란이 된 적이 있었다.

사실 〈나사우 가문 빌럼 공의 노래〉는 독립 직후 바로 국가로 채택되지는 못했다. 네덜란드의 첫 출발이 왕국이 아닌 공화국이었던 탓이다. 이후 현재도 존재하는 네덜란드왕국이 세워지고 꽤 오랜 시간이 지난 1898년 왕실의 공식 찬가로 채택되었고, 더 많은 세월이 흐른 1932년에야 공식적인 국가로 지정되었다.

포르투갈의 국가 〈포르투갈의 노래〉

'바다의 영웅, 고귀한 민족/ 용맹한 불멸의 조국이여/ 오늘 새로이 일어나라/ 빛나는 포르투갈이여/ 기억의 짙은 안개 속에서/ 오 조국이여, 그대를 승리로 이끌/ 위대한 선조들의 목소리를 느껴라/ 전투 준비, 전투 준비!/ 땅 위에서도, 바다 위에서도/ 전투 준비, 전투 준비!/ 조국을 위하여 싸워라/ 대포에 맞서 전진! 전진!/ 불굴의 깃발을 매달아라/ 너의 하늘의 생생한 빛에!/ 유럽이 전 세계를 위협한다 해도/ 포르투갈은 사라지지 않았도다…'

상당수의 국가가 그렇듯이 포르투갈 국가도 전쟁·공화정 수립과 관련을 맺고 있으며, 4분의 4박자 행진곡풍의 경쾌하고 우렁찬 장조 음악이 말해주듯 강한 국가적 자긍심이 실려 있다. 유럽의 해양 강국으로 열강들과 오래도록 제해권을 다투던 나라답게, 가사에 전반적으로 흐르는 정서는 '바다'와 '개척정신'이다. 그래서일까, 선율과 화음의 흐름 역시 밝고 환하며 진취적이다.

16마디 선율이 매끄럽고 경쾌하게 진행된다. 마치 함선 갤리온 (Galleon) 선단이 돛에 한가득 바람을 담아 저 멀리 수평선을 향해 새하얀 포말을 꼬리처럼 매달고 미끄러지듯 달리는 것 같다. 이후 적 선단과 조우하여 포문을 모두 열고 카로네이드 포를 발포하는 듯 씩씩하고 우렁찬 하이라이트의 10마디 선율로 마무리한다. 확실히 지상의 행진곡이 아닌 바다의 행진곡이라 할 만하다.

노랫말 가운데 '바다의 영웅'이나 '바다 위에서도'가 바로 대항해 시대의 역사를 찬미하는 것이다. '조국을 위해 싸워라'나 '대포에 맞서 전진!'과 같은 가사는 오랜 전쟁국가답게 호전적이다. 그럴 수밖에 없는 것이 해상왕국과 식민지 문제로 영국과 갈등을 빚은 역사가 반영되어 있기 때문이다. 원래 '대포에 맞서 전진!'은 '영국에 맞서 전진!'이었다고 한다. 타국(他國)을 특정하거나 전제할 수 없기에 이후 개사가 이뤄진 것이다.

노래는 왕정파와 공화파의 대립이 한창이던 1890년에 만들어졌다. 작곡은 19세기 낭만주의 화가인 알프레도 케일이, 작사는 그의 친구로 해군 장교이자 시인인 엔리케 로페즈 데 멘도사가 했다. 노래가 작곡되던 1890년 무렵, 포르투갈의 식민지였던 아프리카 앙골라와 모잠비크 사이에 있는 지역에서 포르투갈 군대를 철수시키라는 영국의 최후통첩이 있었다. 그로 인해 포르투갈 내에 반영(反英) 감정이 고조되면서 '영국에 맞서 전진!'이란 표현이 주조된 것이다. 지금도 포르투갈 사람들은 영국에 대해 감정이 좋지 않다.

〈포르투갈의 노래(A Portuguesa)〉는 작사·작곡자의 신상이 말해주듯 공화파를 대변하는 노래다. 공화주의자들은 1891년 쿠데타 당시부터 〈포르투갈의 노래〉를 국가 후보로 거론했지만, 왕정 기간에는 당연히 금지되었다. 왕정 시대에는 〈헌장 찬가(O Hino Da Carta)〉가 공식 국가였다.

1910년 10월 5일 혁명을 계기로 왕정 시대가 종식되고 공화정 시대가 개막되면서 이듬해 6월 19일 〈포르투갈의 노래〉가 포르투갈의 법적 국가로 채택되었다. 포르투갈 국가도 근래 크리스티아누 호날두(비록 우리한테는 내한 경기에서 단 1분도 뛰지 않아 '강도'나 다름없다는 의미에서 '강날두'로 추락해버렸지만)가 이끄는 포르투갈 축구 대표팀이 '유로 2016'에서 우승하는 등 축구 선두권에 속하면서 세계 축구 팬들과 시청자들에게 자주 들리는 편이다.

노르웨이의 국가 〈그래, 우리는 이 땅을 사랑한다〉

　　스칸디나비아반도 3국 중 하나인 노르웨이의 국가 〈그래, 우리는 이 땅을 사랑한다(Ja, Vi Elsker Dette Landet)〉는 차분한 곡조와 잔잔한 메시지가 평화적인 인상을 준다. 1903년 북유럽 가요를 분석하여 노벨 문학상을 수상한 시인 비예른스티에르네 비예른손이 가사를 썼고 리카르드 노르드락이 멜로디를 붙였다. 가사는 8절까지 있지만 1절, 7절, 8절만 가창한다. 국가와 별개로 노르웨이 왕실은 〈왕의 노래〉라는 노래를 따로 쓴다.

바이킹계 민족 노르드인이 세운 노르웨이는 오랜 시간 덴마크의 지배를 받았고, 이는 19세기 나폴레옹전쟁 때까지 이어졌다. 이후 1814년 스웨덴에 합병되었는데, 독립을 이루기 위해서는 1905년까지 또다시 기다림이 필요했다.

1864년 〈그래, 우리는 이 땅을 사랑한다〉가 국가로 제정되기 전까지 노르웨이에는 이렇다 할 국가가 없었다. 요한 노르달 브룬이 작

비예른스티에르네 비예른손

곡한 〈노르웨이의 축배〉, 헨리크 안커 비예르가드가 작사하고 크리스티안 블롬이 작곡한 〈노르웨이의 아들들〉이 비공식 국가로 불렸다. 노르웨이 왕실의 노래 〈왕의 노래〉는 영국 국가 〈신이여 여왕을 보호하소서〉와 멜로디가 동일하고 가사만 다를 뿐이다.

노르웨이 국가만큼 동계올림픽에서 자주 접할 수 있는 곡이 또 있을까? 동계올림픽 마니아라면 이 노래를 모를 수 없다. 노르웨이는 동계올림픽 최다 종합 우승국(9회)이며 역대 가장 많은 메달을 딴 나라다. 2018 평창 동계올림픽까지 포함하면 금메달 132개, 은메달 125개, 동메달 111개를 수확했다. 역시 국가(國歌)의 지명도는 역사도 역사거니와 어떤 것이든 국가 경쟁이 이뤄지는 스포츠 분야의 강국이라야 높다.

스페인의 국가 〈왕의 행진곡〉

스페인의 국가는 1770년에 제정되었다. 네덜란드 국가만큼은 아니어도 세계에서 가장 오래된 국가 중 하나라고 할 수 있다. 공식적인 가사가 없는 국가로도 유명하다. 유튜브 등에서 들을 수 있는 가사 버전은 프랑코 독재 정권 시절 사용된 노랫말로, 비교적 널리 알려진 버전임에도 왕실에 대한 언급이 없다는 것이 특이하다. 그래서 가사 없는 국가로 이미지가 굳혀졌는지도 모른다.

음악 애호가였던 프러시아 황제 프레드릭 2세가 직접 쓴 곡이라는 설이 있으나 기록상으로는 1761년 마누엘데 에스피노사 델로스 몬테로스가 발간한 책에서 '근위병의 행진(La Marcha Granadera)'이라는 제목으로 처음 등장한다. 이후 국가로 인정받아 왕실 행사 등 공식적인 자리에서 연주되며 〈왕의 행진곡(La Marcha Real)〉이라는 타이틀을 얻었다. 공화정 시절에는 〈리에고의 노래〉라는 곡으로 대체되기도 했으나 프랑코 정권하에서 다시 원래의 제목인 '근위병의 행진'으로 돌아갔다. 1975년 프랑코가 죽고 난 후 비로소 스페인이 민주주의를 채택하면서 '왕의 행진곡'이라는 타이틀을 탈환했다.

현재의 버전은 프란시스코 그라우(Fancisco Grau)에 의해 1997년에 녹음된 것으로, 원곡(1분 45초)은 왕실을 위한 행사에서 연주되고 짧은 버전(54초)은 수상·내각을 위한 행사나 스포츠 경기 등에서 사용된다. 스페인이 월드컵에 15회 출전하고 2010년 대망의 우승을 차지한 축구 최강국인 덕에 국가 연주가 자주 방송을 타는 바람에 세계인들에게 잘 알려진 편이다.

군가로 시작한 국가답게 행진곡풍의 관악 협주로 시작한다. 힘찬 1절이 끝나면 같은 선율에 음높이를 낮춘 2절이 이어졌다가 다시 1절로 끝을 맺는다. 그다지 극적인 변화가 없는 평탄한 진행이다. 곡의 진행이 스페인의 좌충우돌 역사와는 전혀 다르다.

폴란드의 국가 〈폴란드는 아직 죽지 않았다〉

'폴란드는 우리가 살아가는 한/ 결코 무너지지 않으리/ 어떠한 외적들이 우리를 침략해도/ 우리는 손에 든 칼로 되찾으리/ 전진하라, 전진하라, 돔브로프스키여/ 이탈리아에서 폴란드까지/ 그대의 지도 아래서/ 우리 국민들은 단결하리/ 비스와 강과 바르타 강을 건너서/ 우리는 폴란드인이 되리라/ 보나파르트가 우리에게/ 승리의 방법을 보여주었도다…'

폴란드 국가는 노래 첫 구절에서 따온 '폴란드는 아직 죽지 않았다(Jeszcze Polska nie zginęła)' 외에 '돔브로프스키의 마주르카' '마주레크 돔브로프스키에고(Mazurek Dabrowskiego)' 또는 '폴란드 이탈리아 파견 군단의 노래(Piesn Legionow Polskich We Wloszech)' 등 여러 제목을 가지고 있다.

노래 가사에서 이미 짐작할 수 있듯 폴란드가 가진 역사적 비운과

떼어놓고 국가를 설명하기 어렵다. 주변 국가들에 의해 영토가 싸움터가 되어온 폴란드의 역사를 대변하듯 가사가 온통 민족의 단결과 독립에 집중되어 있다.

그도 그럴 것이, 이 노래가 작사된 1797년 당시의 폴란드는 인근 국가들에 의해 나라 자체가 사라진 상태였다. 1793년 러시아의 침공으로 영토가 대대적으로 축소된 데 이어, 1795년 러시아에 대항해 일으킨 봉기를 러시아, 프로이센, 오스트리아 3국이 함께 탄압하며 나라를 분할해 버렸다. 폴란드가 순식간에 공중 분해된 것이다.

프랑스혁명군의 이탈리아 원정에 참가한 폴란드 군대는 분노에 떨었다. 폴란드 군단의 총사령관이자 시인인 유제프 비비츠키는 그 무렵 이탈리아에 머물며 그 상황을 반영한 시를 지었다. 이게 국가의 가사가 되었다. 하지만 이 시의 염원과 달리 이때의 분할 이후 1차 세계대전, 2차 세계대전에서도 폴란드는 지속적으로 국가적 시련에 처하고 만다.

제목과 노랫말에 나타나는 인물 돔브로프스키가 누군지 살펴볼 필요가 있다. 폴란드 페르소비치 출생의 돔브로프스키(Jan Henryk Dombrowski, 1755.8.29.~1818.6.6.)는 기병 사관으로 1794년 코시우스코의 독립 반란에 참가하였다. 바르샤바 함락 후 이탈리아 밀라노로 피하여 거기서 폴란드 군단을 조직하고 프랑스군의 이탈리아 작전에 협력하였다. 나폴레옹이 폴란드왕국 부활의 뜻을 표명하자, 돔브로프스키는 폴란드 국민에게 나폴레옹군에 대한 협력을 호소하고, 1806년 폴란드군을 이끌고 바르샤바에 입성하여 그단스크, 포즈난, 크라쿠프 등의 전투에서 활약했다. 한마디로 폴란드 민족의 영웅이다. '이탈리아에서 폴란드까지/ 그대의 지도 아래서/ 우리 국민들은 단결하리'나 '보나파르트(나폴레옹)가 우리에게/ 승리의 방법을 보여주었도다'와 같은 노랫말이 이러한 역사적 배경에서 비롯한다.

거의 부르지 않는 5절 가운데 '손에 칼을 쥘 때/ 독일인도 모스크바인도/ 견딜 수 없으리라' 대목에는 침공과 영토 분할의 주체인 러시아와 독일에 대한 가열찬 투쟁 의지가 드러나 있다. 지금도 폴란드는 독일과 러시아가 앙숙이다. 어떤 경기를 하든 이 두 나라와 붙게 되면 폴란드 선수들은 죽기 살기로 임한다.

〈폴란드는 아직 죽지 않았다〉는 폴란드가 독립한 해인 1918년부터 공식적 인준 없이 국가의 역할을 했고, 그 후 토론을 거쳐 1927년 2월 26일에 국가로 공식 채택되었다. 작사자는 앞에 살펴본 것처럼 누구인지 분명하지만, 작곡자는 미상이다. 선율이 어디에서 왔는지 또는 누구로부터 왔는지를 알려주는 명확한 기록이 없다.

여타 국가들에 비해 빠른 템포의 리듬인 것을 보면 투쟁을 독려하는 메시지 지향도 있다. 하지만 빠른 4분의 3박자 곡으로 뒤 박자에 악센트가 오는, 쇼팽이 다수 작곡하기도 했던 형식 '마주르카'에서 그 뿌리를 유추할 수 있다. 제목에도 있지 않은가. 실제로 마주르카가 폴란드의 민요라는 점에서 신빙성이 높다. '피아노의 시인'으로 일컬어지는 쇼팽도 다름 아닌 폴란드 출신이다.

또한, 구 유고슬라비아연방의 국가인 〈슬라브족이여〉의 멜로디와 유사하다는 의견도 존재한다. 〈폴란드는 아직 죽지 않았다〉가 지닌 친숙한 마주르카 선율과 '독립을 위해 깃발을 들자'라는 메시지가 역시 외세의 탄압에 시달린 슬라브 민족에게도 영향을 미쳤다는 주장과 맥을 같이한다. 훗날 이 국가들이 유고슬라비아연방이 되기도 한다는 점에서 〈슬라브족이여〉와의 유사성은 더 확고해진다.

6절까지 있지만 현재는 4절까지 부르는 것이 관례이며, 로만 폴란스키 감독의 2002년 영화 '피아니스트'에서 폴란드가 독립할 때 배경음악으로 쓰여 아주 낯설지는 않다(역시 폴란드 사람인 로만 폴란스키는 근래 잇단 아동 성추행 범죄로 체포되어 이미지가 추락했다). 우리는 2002년 한·일 월드컵의 첫 경기 상대가 폴란드였기 때문에 당시 이 국가를 접한 경험이 있다.

이 곡이 만들어진 이후로도 독일, 오스트리아-헝가리, 소련 등의 지배를 받으며 지도상에서 폴란드가 나타나고 사라지기를 반복했던 역사적 비극이 엄존했기에, 그 비통한 역사를 잊지 않으려는 폴란드인들은 현재도 〈폴란드는 아직 죽지 않았다〉를 열렬히 애창한다. 어찌 보면 운명적으로 슬픈 나라노래인 셈이다.

스위스의 국가 〈스위스 찬가〉

스위스는 유럽의 작은 국가이자 영세 중립국, 아름다운 자연과 부유함으로 유명한 나라지만 국가(國家)의 역사는 일천하다. 공식적으로 국가(國家)로서 자리 잡은 것은 그리 오래되지 않은 것이다. 이 나라의 기초 단위는 26개의 칸톤(주)이며, 이들이 연방을 이루고 중앙 정부를 구성하여 하나의 국가를 이루고 있다.

그래서인지 이 나라는 스위스연방이 결성된 1848년 이후에도 나라를 대표하는 노래가 없었다. 현재 국가인 〈스위스 찬가 (Schweizerpsalm)〉는 가톨릭 수도사 알베리히 츠비시히(Alberich Zwyssig)가 만든 경건한 찬송가와 레온하르트 비트머의 가사로 이루어져 있다. 가사가 독일어, 프랑스어, 이탈리아어, 로망슈어의 4가지 버전으로 존재하는데, 네 언어 모두를 공용어로 사용하고 있는 스위스의 특징이 잘 반영되어 있다.

경건하고 평화로운 국가의 분위기 또한 영세 중립을 표방하는 '안정' 스위스와 연결고리를 맺는다. 1961년까지 비공식 국가처럼 사용되다 일정 기간 이후 국가 재심의에 들어가면서 1981년이 되어서야 공식 국가로 확정되었다. 국가의 여러 성격 가운데 스위스는 '경건'의 컬러에 속한다.

그리스의 국가 〈자유의 찬가〉

올림픽 폐막식 행사에서 제일 먼저 연주되는 국가가 그리스의 국가인 〈자유의 찬가〉다. 그리스가 1896년 근대 최초의 올림픽이 열린 국가일 뿐 아니라 고대 '올림피아 제전'으로 올림픽의 기틀을 세운 나라이기 때문이다. 최초의 서양 문명을 건설한 그리스는 '서양'이라는 대부분의 개념을 만들었고, 그 영향력은 수천 년이 지난 지금까지 유효하다. 발칸반도 아래의 작은 나라지만 결코 무시할 수 없는 국가가 그리스다.

찬란한 문명에 비해 〈자유의 찬가〉는 비장한 군 행진곡의 인상을 준다. 이 노래가 19세기 그리스 독립전쟁 시기에 만들어진 탓이다. 고대 그리스 문명이 쇠퇴한 후 로마제국, 비잔틴제국의 통치를 받던 그리스는 15세기부터 동방의 이슬람제국과 오스만제국에게 무려 450년간 통치를 받게 된다. 17세기부터 활발하던 민족주의 운동은 1821년 대규모 혁명을 거쳐 독립전쟁으로 몸집을 불린다.

그리스의 국가는 시인 디오니시오스 솔로모스가 쓴 158절짜리 '자유의 찬가' 중 1절, 2절을 가져와 니콜라오스 만차로스가 멜로디를 붙여 만들었다. 1829년까지 계속된 독립전쟁에 서구 사회는 '모든 유럽인은 그리스인'이라는 낭만주의 사상으로 오스만제국에 대규모 군단을 파병하고 자금을 지원했다. 1830년 기어이 독립을 일궈낸 그리스왕국은 1865년 〈자유의 찬가〉를 국가로 제정했으며 왕실 찬가로도 활용했다.

> '그대의 날카로운 공포의 칼날은/ 해방을 이루게 할 줄 안다네/ 그대의 빛나는 광채는/ 국토를 비추어 줌을 잘 안다네/ 거룩한 폐허에서 되살아나는/ 그리스의 위대성과 자유여/ 지난날처럼 용감하여라!/ 만세, 오, 만세! 우리의 해방이여!…'

그리스의 역사는 이후에도 순탄치 않았다. 비잔틴제국의 영토를 되찾겠다는 '메갈리 이데아' 사상으로 인접한 영토를 수복하며 계속 전쟁을 벌였다. 오스만제국의 후신 터키와도 수차례 전쟁을 벌이며 원수지간이 되었다. 1966년에는 〈자유의 찬가〉가 인접한 섬나라 키프로스의 국가로 지정되기도 했다.

1967년 왕국을 무너트린 그리스 군사 정권은 쿠데타를 기념하는 〈4월 21일의 찬가〉를 새 국가로 제정해 1974년까지 사용했다. 7년간 통치한 군사 정권을 몰아내고 민주화를 이뤄낸 그리스는 다시 〈자유의 찬가〉를 국가로 사용하고 있지만, 국가에 묘사된 '빛나는 광채'나 '위대성과 자유'라는 말이 무색하게 최근 10년간 엄청난 경제 위기를 겪으며 침체의 늪에서 허덕이고 있다.

아일랜드의 국가 〈전사의 노래〉

영국 그레이트브리튼섬의 옆에 있는 아일랜드는 역사적으로 숱한 외세의 침략에 시달렸다. 8세기 말부터 침략하기 시작한 바이킹들은 원주민인 켈트족을 쫓아내고 섬 곳곳에 거점을 세웠다. 1167년부터는 이웃 국가 잉글랜드의 침공이 시작됐고, 아일랜드인들은 1169년부터 무려 700여 년 동안 잉글랜드의 지배를 받아야 했다. 극악한 영국의 탄압 속에서 아일랜드는 긴 암흑의 역사를 견뎌야 했다.

아일랜드의 국가 제목이 공격적인 느낌의 〈전사의 노래(Amhrán na bhFiann)〉인 것은 이런 비참한 역사에서 기인한다. 20세기 들어 격렬해진 독립운동 속에서 1907년 퍄다르 오 차르너이, 파드리지 오 히니(패트릭 히니)가 곡을 만들었고, 1923년 퍄다르가 쓴 영어 가사를 리암 오 린이 아일랜드 토착어로 번역했다. 평화로운 멜로디는 푸른 들판의 아일랜드를 연상시키는데, 가사는 '우리는 전사들'이라는 단호하고 비장한 메시지로 가득하다.

> '더 이상 우리 옛 조상의 땅에는/ 독재자도 노예도 두지 않으리/
> 오늘밤 우리들 위기의 틈새에/ 아일랜드를 위해 모였으니, 번민
> 이든 번영이든 오라/ 대포의 고함소리와 소총의 울림 가운데서/
> 우리는 전사의 노래를 부르리라…'

영국에 대한 아일랜드의 분노는 20세기 초 의회를 통한 합법적 독
립운동이 실패하면서 극에 달했다. 영국의 폭정 아래 오랜 기간 굶
주리던 아일랜드인들은 1916년 아일랜드공화국군(IRA)을 결성했
다. 1921년까지 영국군과 치열한 전쟁을 벌였고, 결국 독립을 일궈
냈다. 〈전사의 노래〉가 국가로 제정된 것은 1926년이다.

그러나 영국계와 아일랜드계가 섞여 있던 북아일랜드 지역은 독립
을 원치 않았고, 아일랜드는 북아일랜드 지역을 떼놓은 나머지 지
역만을 영토로 삼아 독립했다. 대한민국과 더불어 영토가 분리된
몇 안 되는 나라인 셈이다. 현재 북아일랜드는 잉글랜드, 스코틀랜
드, 웨일즈와 함께 영국(그레이트브리튼 및 북아일랜드 연합왕국)을 구성
하는 일원이다.

 아이슬란드의 국가 〈찬가〉

유럽 최북단의 외딴 섬나라 아이슬란드는 아름다운 자연경관과 인기 예능프로그램 '꽃보다 청춘'의 관광지로 한국에 알려졌다. 최근 국제 스포츠 무대에서 아이슬란드 축구 국가대표팀이 상당히 선전하면서 아이슬란드의 국가도 어느 정도 익숙해졌는데, 2분에 달하는 아이슬란드의 국가는 제목이 〈찬가(Lofsöngur)〉다.
1874년 마티아스 요훔손(Matthías Jochumsson)이 작사하고 스베인비외르든 스베인비외르든손(Sveinbjörn Sveinbjörnsson)이 작곡한 이 노래는 평화로운 반주와 2분에 달하는 길이, 기독교적 신앙의 가사가 눈에 띈다. '주를 경배하며, 주를 찬양하며 사라져간다'라는 가사는 인구의 80%가 기독교를 믿는 아이슬란드인들의 특징을 대표한다.

'우리 조국의 하나님이여! / 우리 조국의 하나님이여! / 우리는 주의 거룩하고 거룩하신 이름을 찬양하나이다! / 하늘의 태양계들

로 짜인 주의 왕관은/ 주의 천군, 시대가 만든 것이니이다/ 주께
는 하루가 천년 같나/ 천년은 그저 하루에 지나지 않나이다…'

아이슬란드는 오랜 기간 덴마크의 지배를 받다가 19세기 들어서야
독립 의회가 재구성되었다. 1918년 덴마크 왕이 아이슬란드 왕을 겸
하는 형식으로 하여 아이슬란드왕국이라는 이름으로 독립할 수 있
었다. 2차 세계대전 중 덴마크가 나치 독일에 점령당하자 아이슬란
드는 국민 투표로 국왕을 폐위하고 완전한 독립을 이룰 수 있었다.

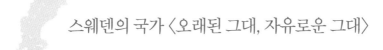

스웨덴의 국가 〈오래된 그대, 자유로운 그대〉

    스웨덴의 국가 〈오래된 그대, 자유로운 그대(Du Gamla, Du Fria)〉는 다른 나라 국가들이 제정된 과정과 반대로 국가의 지위에 올랐다. 스웨덴 정부는 이 노래를 국가로 지정한 적이 없으나, 스웨덴인들 사이에서 오랫동안 나라를 대표하는 노래로 여겨져 왔다. 관습의 독재다. 스웨덴의 전통 민요에 리카르드 디베크가 1844년 가사를 붙여 지금의 형태에 이르고 있다.

1523년 덴마크로부터 독립한 스웨덴 왕조는 한때 북방의 강호로 강력한 위세를 떨치며 스웨덴제국을 세웠다. 하지만 러시아와의 전투에서 패한 후에는 스칸디나비아반도의 중립국으로 남아 산업을 발전시키며 국가를 부강하게 만드는 쪽을 택했다. 지금도 스웨덴에는 왕실이 있으며, 칼 구스타프 16세가 국왕으로 재임 중이다. 왕실에서는 〈왕실 찬가〉를 별도로 쓰고 있다.

〈오래된 그대, 자유로운 그대〉가 정식 국가로 제정된 것이 2000년이니 꽤 최근의 일이다. 이 노래를 칭하는 다른 이름으로 〈북방의 노래〉가 있으나 일반적으로는 〈오래된 그대, 자유로운 그대〉라는 제목으로 불린다. 우리에겐 스웨덴이 2018년 러시아 월드컵 조별 예선에서 1차전 상대였기 때문에 스웨덴 국가도 나름 익숙한 편이다.

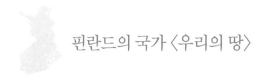

핀란드의 국가 〈우리의 땅〉

    스칸디나비아반도의 최북단에 있는 선진국 핀란드를 상징하는
것은 산타클로스 마을과 사우나, 훌륭한 교육 제도 등이다. 이 나라
가 독립을 일궈 현재의 국가 형태를 갖게 된 것은 1917년으로, 그전
까지는 500년 가까이 스웨덴의 통치를 받았다.

핀란드의 국가 〈우리의 땅(Maamme)〉은 독일인 프레데리크 파시우
스가 멜로디를 만들었다. 자국의 국가를 타국(他國)의 작곡가가 만
들었다는 사실이 아이러니할 수 있으나, 핀란드의 '국민 시인'으로
불리는 스웨덴계 핀란드인 요한 루드비그 루네베리가 1846년 11연
으로 지은 시를 가사로 삼았으니 위안이 될 만하다. 그러나 이것도
스웨덴어로 된 가사였고, 핀란드어 가사는 파보 카얀데르라는 작사
가의 작품이다.

독일 작곡자와 스웨덴계 작사자가 만든 핀란드의 국가가 우리에게
만 어색한 것은 아니다. 당연히 '국가(國歌)의 시련'을 증명하듯 핀란

드에서도 국가를 바꾸자는 의견이 심심찮게 등장한다. 그 유력한 대안으로 핀란드의 국민 작곡가 장 시벨리우스의 〈핀란디아〉가 손꼽힌다. 핀란드 역사의 중요한 사건을 에피소드 형식의 교향시로 엮어낸 이 작품의 〈핀란디아 송가〉는 많은 핀란드인이 사랑하는 노래다. 러시아 지배기의 검열을 피해 민족주의를 고취했던 핀란드의 '민족 노래'이기도 하다.

〈우리의 땅〉이 또한 비판받는 건 이 노래가 에스토니아의 국가 〈나의 조국, 나의 행복〉의 멜로디와 똑같다는 점이다. 앞날이 어떻게 될지는 모르지만, 아직까지는 〈우리의 땅〉이 겨우겨우 핀란드 국가의 지위를 유지하고 있다.

크로아티아의 국가 〈우리의 아름다운 조국〉

아마도 이 나라는 모드리치, 아니 '갓'드리치의 나라라고 소개하는 것이 나을 것 같다. 2018년 러시아 월드컵 때의 일이다. 프랑스와 크로아티아의 결승전에서 많은 세계인들은 열정과 스포츠맨십을 발휘한 루카 모드리치의 나라 크로아티아를 응원했다. 심지어 우리나라 KBS TV도 우승팀 프랑스가 아닌 '준우승 크로아티아 특집' 프로를 방영할 정도였다. 발칸반도의 작은 나라 크로아티아는 그렇게 축구를 통해 글로벌 존재감을 획득했다.

1998년 프랑스 월드컵 때 크로아티아는 월드컵 첫 출전임에도 불구하고 준결승전까지 올라 신흥 축구 강호의 등장을 알렸다. 그들은 20년 후인 2018년 러시아 월드컵에서 강호 아르헨티나, 개최국 러시아, 잉글랜드를 연파하며 기어코 월드컵 결승전 무대를 밟았다. 비록 프랑스에 4-2로 패배했지만, 인구 4백만의 작은 나라에 축구는 그들의 이름을 알리는 가장 효과적인 외교 수단이었다. 이는 곧 국민적 자부심으로 상승했다.

역사적으로도 크로아티아는 독립국으로 존재한 시기가 짧다. 중세에 잠시 크로아티아왕국으로 존속했던 것을 제외하면 역사적으로 대부분 합스부르크제국의 일부였다. 1차 세계대전이 끝난 후에는 세르비아가 주도한 유고슬라비아왕국의 일부가 되었다. 크로아티아의 국가 〈우리의 아름다운 조국〉 역시 크로아티아가 합스부르크 제국 치하에 있던 1835년에 기틀이 잡혔다.

크로아티아 시인 안툰 미하노비치가 발표한 '조국 크로아티아'라는 제목의 시에 1846년 요시프 루냐닌이 멜로디를 붙였다. 이후 유고슬라비아왕국과 2차 세계대전 나치 치하 크로아티아독립국의 국가로 쓰였다. 정식으로 국가로 제정된 것은 유고슬라비아연방의 일원이 된 크로아티아사회주의공화국 시기인 1972년이다.

1991년 동구권이 붕괴하고 유고연방이 해체될 조짐을 보이자 크로아티아는 독립을 선언했다. 이에 연방 붕괴를 저지하려는 세르비아계 연방군이 전쟁을 선언하면서 유고슬라비아 내전이 시작됐다. 인종 학살과 잔혹한 전쟁 범죄로 얼룩진 전쟁을 거쳐 크로아티아는 독립을 쟁취하는 데 성공했다. 현재는 앞서 언급한 축구와 인기 예능프로그램에서 소개된 아름다운 관광지로 유명하다.

헝가리의 국가 〈찬가〉

　　유럽 중부에 있는 나라 헝가리의 국가는 〈찬가(Himnusz)〉다. 아이슬란드의 국가 〈찬가〉처럼 기독교적 색채가 강한 이 노래는 '하나님, 헝가리 민족을 축복하소서'라는 가사가 먼저 눈에 들어온다. 그러나 이 노래의 부제인 '헝가리인의 휘몰아치는 세기에'를 통해 우리는 헝가리의 역사가 결코 평탄치 않았음을 짐작할 수 있다.

중앙아시아에서 온 마자르족은 9세기 들어 헝가리대공국을 수립하고 유럽 전역을 침공했다. 이후 1000년에 건국된 헝가리왕국은 독립 국가로 발칸반도 일대와 유럽 중앙부에 강력한 영향력을 행사했으나, 1526년 오스만제국의 공격을 막지 못하고 국토가 셋으로 분할된다. 이후 합스부르크 왕가의 통치를 받던 헝가리는 1867년 오스트리아-헝가리제국을 건설하며 거대한 국가의 지배 민족으로 거듭난다.

헝가리의 국가는 1823년 시인 쾰체이 페렌츠의 시를 바탕으로 하고 있다. 선율은 헝가리의 국민 오페라 작곡가인 에르켈 페렌츠의 것이다. 1844년부터 사실상 국가로 불리기 시작했는데, 이 노래도 성문화될 때까지 꽤 오랜 시간을 더 기다려야 했다. 1차 세계대전에서 패한 오스트리아-헝가리제국이 분열되면서 헝가리인들은 드디어 자기들의 국가를 갖게 되었다.

이후 사회주의 정권이 들어서기도 하고 2차 세계대전 때는 나치 독일과 동맹을 맺기도 한 이 나라는 1949년 소련의 비호를 받는 헝가리인민공화국으로 동구권에 편입된다. 이 시기에 〈찬가〉는 종교적 색채로 인해 가사 없는 반주곡으로서만 국가의 기능을 수행했다. 그러다 1989년 민주화된 이후에 가사를 되찾을 수 있었다.

벨기에의 국가 〈브라반트의 노래〉

네덜란드 아래 위치한 벨기에는 네덜란드와 동일한 역사를 갖고 있다. 이 나라가 네덜란드와 다른 역사를 갖게 된 것은 1568년 네덜란드가 스페인의 폭정에 저항하여 일으킨 '80년 전쟁' 때부터다. 당시 '합스부르크령 저지대'로 불리던 이 지역은 17개 주로 구분되었는데, 격렬히 저항한 네덜란드권의 7개 주가 지금의 네덜란드이고, 중립을 지킨 남부의 10개 주가 지금의 벨기에다.

이후 남부 10개 주 중 플란데런·안트베르펀·브라반트주는 스페인에 저항하였으나 강력한 진압에 굴복하였다. 10개 주는 그 후에도 계속 스페인의 지배를 받게 된다. 이후 나폴레옹의 공격으로 네덜란드와 함께 프랑스령이 된 벨기에는 1815년 네덜란드연합왕국에 속하게 되었다. 하지만 200여 년 이상 따로 산 두 나라가 하나가 되기에는 간극이 너무 컸다. 결국 벨기에 독립전쟁이 일어났고, 1831년 분단되면서 오늘날의 벨기에가 완성되었다.

국가 기념 동상(브뤼셀)

이렇듯 복잡한 역사를 가진 벨기에의 국가는 앞서 언급한 브라반트 주의 노래다. 1830년 네덜란드의 국가와 다른 독자적 국가가 필요했던 벨기에는 프랑수아 폰 캄펜후르에게 작곡을, 알렉상드르 드셰에게 작사를 맡겨 〈브라반트의 노래(La Brabançonne)〉를 만들었다. 알렉상드르 드셰는 '제네발'이라는 예명으로 유명한 프랑스의 배우였다.

그러다 보니 이 노래는 오랫동안 프랑스어 가사만 있었다. 그러나 프랑스어뿐 아니라 독일어, 네덜란드어, 왈롱어 등 다양한 언어를

사용하는 벨기에의 특성상 각 언어를 사용하는 국민들이 모두 부를
수 있는 노랫말이 필요했다. 1860년 한 번의 수정을 거친 〈브라반트
의 노래〉는 1921년 세 가지 공용어가 포함된 새로운 가사와 함께 국
가로 정식 제정되었다. 입헌군주국답게 '국왕, 법률, 자유'를 불멸의
표어로 설정한 가사가 인상적이다.

3장 — 북미

미국의 국가 <성조기>
캐나다의 국가 <오 캐나다>

미국의 국가 〈성조기〉

　　참으로 말도 많고 바꾸자는 여론도 비등하지만, 여전히 국가의 위상을 견고하게 유지하는 국가, 바로 미국의 국가다. 지구촌 곳곳에서 광범위하게 일고 있는 '국가 논란'의 대표 격이자 진원지라고 할까. 국가에 따른 불만과 교체하자는 의견이 지속적으로 대두되지만, 막상 설문조사를 해보면 바꾸자는 의견보다 지금의 국가를 유지하자는 의견이 훨씬 높게 나타난다. 그러다 보니 현재 논란은 잠복해 있는 상황이다. 반대파들은 이를 진실과 무관하게 '교체'의 잡음을 싫어하는 미국인들의 습성, 이른바 습관의 독재로 해석한다. 미국의 국가 〈성조기(The Star-Spangled Banner)〉는 '별이 빛나는 깃발'이란 뜻을 갖고 있다. 1814년 미국 조지타운의 변호사이자 아마추어 시인인 35세 프랜시스 스콧 키(Francis Scott Key)가 쓴 '맥헨리 요새의 방어(Defence Of Fort M'Henry)'에 기초하고 있다. 영국의 해상봉쇄에 따른 미국 내의 반영(反英) 여론이 폭발하면서 영국과 미국 두 동맹국 사이에 전쟁이 발발한다. 이른바 '1812년 전쟁'이다. 당시 볼티모어 전투에서 영국의 함선 공격에도 굳건히 버티는 볼티모어 요새의 모습과 무차별 폭격에도 불구하고 국기가 계속 나부끼는 광경을 보고 미국의 승리에 고무되어 쓴 시였다. 당시 미국의 국기는 열다섯 개의 별(star)과 열다섯 개의 띠(stripe)로 이뤄져 있었다.

> '오, 그대는 보이는가/ 이른 새벽 여명 사이로/ 어제 황혼의 미광 속에서/ 우리가 그토록 자랑스럽게 환호했던/ 넓은 띠와 빛나는 별들이 새겨진 저 깃발이/ 치열한 전투 중에서도/ 우리가 사수한 성벽 위에서 당당히 나부끼고 있는 것이/ 포탄의 붉은 섬광과 창공에서 작렬하는 폭탄이/ 밤새 우리의 깃발이 휘날린 증거라네/ 오, 성조기는 지금도 휘날리고 있는가/ 자유의 땅과 용자들의 고향에서…'

멜로디는 존 스태퍼드 스미스가 영국 런던에 있는 남성 클럽 '아나크레온 소사이어티'를 위해 만들었고 수많은 영국인이 술 마실 때 합창하는 곡 〈천국의 아나크레온에게(To Anacreon In Heaven)〉를 그대로 따른다. 영국 노래지만 당시 미국에서도 이미 다양하게 '노가바(노래 가사 바꿔 부르기)' 형태로 불릴 정도로 인기를 누렸다. 이에 프랜시스 스콧 키의 시가 가사가 되면서 마침내 제목이 '성조기'가 되었고, 1889년 미국 해군에 의해 사용이 공식 승인되었다. 미국 정부가 승인한 것은 1916년 우드로 윌슨 대통령 때이며, 1931년 후버 대통령 시절 의회의 인준을 거쳐 공식 국가로 지정되었다.

그렇다면 1931년 이전에는 미국인들이 노래한 국가가 없었느냐 하면, 그건 아니다. 19세기 내내 공식적인 자리에서 〈컬럼비아 만세(Hail, Columbia)〉란 노래가 불렸고, 그 이후에는 영국의 국가 〈신이여 여왕을 보호하소서〉와 같은 선율에 가사를 붙인 〈내 나라 그대(My Country, 'Tis Of Thee)〉란 노래가 실질적인 국가로 기능했다.

미국의 또 다른 국가 〈아름다운 나라 미국〉

'1812년 전쟁' 이후 발발한 여러 전쟁 시기에도 〈성조기〉가 단일 국가로 통용된 것이 아니라 다른 노래들과 경합을 벌였다. 그 중 〈성조기〉와 막상막하 경쟁을 벌이면서 자주 불린 노래가 '제2의 미국 국가' 혹은 '비공식 미국 국가'로 불리는 〈아름다운 나라 미국(America The Beautiful)〉이다. 미국 대중들이 공식 국가인 〈성조기〉보다 더 사랑하는 곡으로 알려져 있으며, 늘 국가의 대안으로 상정되는 곡이기도 하다.

이는 2021년 1월 제46대 대통령 조 바이든 취임식에서도 확실히 나타났다. 먼저 나온 조 바이든의 열성 지지자, 가수 레이디 가가(Lady

GaGa)는 공식 미국 국가 〈성조기〉를 불렀지만, 다음에 등장한 라틴계 톱가수 제니퍼 로페즈(Jennifer Lopez)는 〈아름다운 나라 미국〉을 노래한 것이다. '공식보다 더 강한 비공식'으로 자리 잡은 이 노래를 이제는 공식행사에서도 결코 배제할 수 없다는 인식을 반영했다고 할 수 있다. 식장에서 제니퍼 로페즈는 심지어 전설적인 미국의 모던 포크 송 〈이 땅은 당신의 땅(This Land Is Your Land)〉도 함께 소개했다.

이 곡은 노벨문학상 수상자인 모던 포크의 영웅 밥 딜런에게 지대한 영향을 미친 우디 거스리(Woody Guthrie)가 1940년에 만든 곡이다. 1918년 당대 최고의 인기 작곡가 어빙 벌린(Irving Berlin)이 쓴 미국 찬가 〈하느님이 미국을 축복하시길(God Bless America)〉에 대한 비판적 답가였다. 이 곡 또한 '좌파 진영의 애국가'로 통하면서 일각에서 오랫동안 미국 국가의 대안으로 거론되어왔다. 반대로 〈하느님이 미국을 축복하시길〉은 우파 진영이 유사 국가로 취급하는 곡이다.

하지만 공식 국가의 대안으로 압권이 〈아름다운 나라 미국〉이라는 것은 메이저리그를 비롯한 스포츠 경기에서 시작 전에는 〈성조기〉를 부르지만 7회 중반에는 〈아름다운 나라 미국〉을 부르는 것만 봐도 알 수 있다. 다수 미국인의 편애가 작용하다 보니, 1960년 케네디 행정부가 들어서면서 이 노래에 국가 혹은 조국 찬가에 준하는 지위를 부여하자거나 심지어 이 노래를 국가로 대체하자는 움직임이 일기도 했다. 아직도 이 여론은 소멸되지 않고 있다.

대중가수들도 미국의 찬가로 공식 국가 대신 이 〈아름다운 나라 미국〉을 즐겨 부른다. 빙 크로스비, 프랭크 시내트라 등 많은 가수가 이 곡을 불러 음반에 수록했다. 특히 1976년 미국 독립 200주년을 맞았을 때 시각장애인이자 '소울의 전설'로 꼽히는 레이 찰스(Ray Charles)는 아예 싱글로 발표해 알앤비(R&B) 차트 98위까지 오르기도 했다.

1976년 찰리 리치, 1982년 미키 뉴베리와 같은 백인 컨트리 가수들의 버전도 역시 컨트리 차트에 등장했고 빈스 길, 브렌다 리, 라일 로베트, 제이미 오닐, 오크 리지 보이즈, 케니 로저스, 키스 어반 등 컨트리 가수가 총출동한 컨트리 올스타 버전은 2001년 7월, 58위에 랭크되었으며 두 달이 채 안 되어 터진 9·11 사태 때 다시 차트에 등장했다. 9·11 사태 이후 이 노래의 인기가 더 상승했다고 한다.

특히 2009년 1월, 미국 최초의 '아프로 아메리칸(Afro-American)' 출신 대통령인 오바마의 취임식에 초청받은 당대 최고의 인기 가수 비욘세(Beyonce)가 〈성조기〉가 아닌 이 곡을 독창해 젊은 세대들에게도 새롭게 존재를 각인시켰다. 상기한 가수들을 봐도 피부색과 노래 장르를 불문하고 이 노래를 유독 아끼고 있음을 알 수 있다.

1895년 시인이자 웰즐리대 교수였던 캐서린 리 베이츠(Katherine

Lee Bates)가 독립기념일에 교회 행사에서 발표한 시 '파이크스 피크 (Pikes Peak)'가 가사가 되었다. 작곡자는 교회 오르간 반주자이자 성가대 지휘자였던 새뮤얼 워드이다. 파이크스 피크는 로키산맥의 남쪽 지대에 있는 높이 4,300m의 산이다. 캐서린이 강의차 들렸다가 산의 풍광을 보고 받은 감동을 시로 옮긴 것이다.

> '오 넓은 하늘이 있기에(for spacious skies)/ 노을빛 곡식이 파도 치기에(for amber waves of grain)/ 열매 맺은 벌판 위 보라색 산이 장엄하기에(for purple mountain majesties above the fruited plain) 아름답구나/ 미국이여, 미국이여…'

왜 이 노래를 좋아하는 걸까. 이건 공식 국가인 〈성조기〉에 대한 문제 제기에서 출발한다. 어떻게 영국인들이 술자리에서 부른 곡조의 노래를 미국의 국가로 사용할 수 있느냐는 의견(주로 미국 기독교 쪽)과 함께, 작사자 프랜시스 스콧 키가 인종차별주의자임을 들어 반대하는 일각의 의견도 존재한다.

사실 프랜시스 스콧 키는 평소에 흑인을 열등한 인종이라고 멸시했던 노예제 지지자였다. 또한, 노래의 3절 가사가 독립전쟁 당시 영국군에 가담해 싸운 흑인 노예들의 죽음을 찬양한 것으로 해석될 수 있기 때문이다.

'그들의 피는 악취 나는 발자국의 오염을 씻겨내고/ 어떤 피난처도 용병과 노예를 구해줄 수 없도다(Their blood has washed out their foul footstep's pollution/ No refuge could save the hireling and slave).'

이 대목은 논쟁을 부를 소지가 없지 않다. 하지만 미시간대학의 음악학과 교수 마크 클라그는 2016년에 쓴 칼럼에서 프랜시스 스콧 키의 가사는 인종과 무관하게 흑백 모두의 병사를 치하하고 있는 내용으로 그를 인종주의자로 몰아가는 것은 억측이라고 반박했다. 이 부분 외에 〈성조기〉에 대한 회의는 실제적인 문제에서 비롯한다. 단적으로 말해, 부르기가 너무 어렵다는 것이다. 한 옥타브와 1/5의 음역으로, 실제로는 한 옥타브 반 이상 세미 톤의 높이이다. 그리고 음계와 박자가 조금 어려운 편이다. 이런 곡은 기본 가창력이 없는 사람에겐 쉽지 않은 게 사실이다.

배음이 한 옥타브 내 8분음이 아니라 반음에 의한 12음이라는 것은 가창에서 구사하기 어려운 것은 물론이고 때로는 '도약'의 진행이 많음을 가리킨다. A-A'-B-C 각각 8마디, 총 32마디의 구성을 가진 4분의 3박자 장조 음악으로, 각 악절은 상기한 것처럼 잦은 도약과 스케일 진행을 통해 하이라이트인 C 부분까지 숨 쉴 틈 없이 거칠게 몰아치는 선율적 특징을 가진다.

호흡 짧고 편차 심한 음정으로 구성된 선 굵고 유려한 선율의 흐름은 멋있지만, 분명 일반인들에겐 부담이다. 음이 갑자기 올라가면 일반인들은 부르기가 부담스러운 정도가 아니라 여간 벅찬 게 아니다. 미국 국가가 화려한 기교와 가창력을 보유한 유명 가수들의 버전으로 소개되는 데는 그만한 이유가 있다고 할까. 이에 비해 가스펠 풍의 〈아름다운 나라 미국〉은 상대적으로 제창이 까다롭지 않은 편이다. 그러나 국가 옹호론자들은 〈아름다운 나라 미국〉은 멋지지 않다며 국가로서 격조가 떨어진다는 주장으로 교체론을 일갈해버린다.

국가에 대한 지속적인 논란

미국의 국가에 대한 논란은 역사적으로 줄곧 이어져 왔다. 오랜 역사를 지닌 노래이다 보니 관습이 생겨나고, 가창의 어려움을 '위엄'으로 등식화한 보수 진영은 노래의 변형을 조금도 용서하지 않는다. 그 시작이 1968년 미국 프로야구 월드시리즈 5차전 시작 전에, 당시 혜성처럼 등장한 푸에르토리코 출신의 가수 호세 펠리시아노가 부른 버전이었다. 호세 펠리시아노는 〈성조기〉를 익숙한 연주법에서 벗어나 느리게, 라틴 재즈풍으로 어쿠스틱 기타를 연주하며 노래했다.

호세 펠리시아노의 노래는 화제를 몰고 왔다. 기성세대들은 국가를 가벼이 여기는 무례한 사고의 산물이라며 비판했다. 언론의 시각도 대체로 부정적이었다. 하지만 노래는 대중들의 호기심을 유발하면서 빌보드 싱글 차트에 5주간 랭크되며 50위까지 오르는 이변을 일으켰다. 국가가 처음으로 상업적 차트에 등장하는 순간이었다.

1968년은 기존의 가치와 질서가 흔들리면서 그동안 억눌려있던 베이비부머 청춘 세대의 에너지가 분출하던 사회변동기였다. 때문에, 호세 펠리시아노의 해석을 옹호하는 측에서는 국가도 아티스트의 표현의 자유에 있어서 성역은 될 수 없다는 주장을 폈다. 하지만 그때는 사회적으로 이슈가 되면 노이즈 마케팅 효과를 누리는 게 아니라 오히려 이미지에 손상을 입는 시대였다. 호세 펠리시아노는 당장 밴드 도어스의 곡 〈라이트 마이 파이어〉를 독특하게 라틴 기타 연주로 리메이크해 인기가 급상승했지만, 국가 사건 이후 더 이상의 히트작은 나오지 않았다.

특히 국내에서는 본고장에서 알려지지 않은 〈더 집시〉, 〈원스 데어 워즈 어 러브〉, 〈레인〉 등이 라디오 전파를 타면서 사랑받는 팝가수로 비상했지만, 본고장에서는 히트송이 하나만 있는 '원 히트 원더'에 머물게 된 것이다. 그럼에도 불구하고 호세 펠리시아노는 그 후 2006년 NPR 방송 프로그램에 나와 "당시 나의 국가 버전은 이후 많은 가수들이 국가에 도전하는 계기를 만들었다"라며 자부심을 드러냈다. 호세 펠리시아노와 함께 '엄숙함에 닫혀있던' 국가가 대중적 관심사로 등장해 열린 세상으로 나온 것은 틀림없었다.

당장 일주일 후 멕시코시티 올림픽(1968년)에서 사고가 터졌다. 육상 200m 경주에 미국 대표로 출전한 토미 스미스와 존 카를로스가 1위와 3위를 차지했는데, 메달 수여식에서 미국 국가가 끝날 때까지 노래를 따라부르기는커녕 듣지도 않고 검은 장갑을 낀 채 한쪽 손을 하늘로 쳐드는 '저항' 행위를 저지른 것이다. 국가(國歌)와 국기에 대한 모독일 뿐만 아니라 나라의 가치와 질서를 부인하는 심대한 도발 아니냐는 원성이 주류 미국인들 사이에 자자했다.

토미 스미스와 존 카를로스

하지만, 때는 억압과 차별에 시달리던 흑인들이 들고일어나 백인 지배 사회에 대한 공격과 투쟁을 불사하는 '블랙 파워' 운동이 들불처럼 퍼지던 시절. 두 사람의 용감한 시위는 깨어난 의식으로 이끈 흑인 공민권 운동을 정확히 반영하는 것이었다. 금메달리스트 토미 스미스는 나중에 발간한 자서전 《조용한 제스처》에서, 그 제스처는 '블랙 파워'가 아닌 '인권'을 향한 거수경례(Human Rights Salute)였다고 주장했다. 은메달 수상자였던 호주 대표 피터 노먼조차 시상식에서 상의에 인권 배지를 달았던 것을 보면, 토미 스미스의 시각이 결코 사회적 의식의 과잉이 아님을 알 수 있다.

휘트니 휴스턴과 함께 히트곡이 된 미국 국가

1983년에는 흑인음악의 전설 마빈 게이(Marvin Gaye)가 프로농구 NBA 올스타전에서 부른 소울 가득한 국가가 다시금 화제를 모았다. 이어서 1991년 1월 27일 미국 플로리다 탬파에서 열린 25회 슈퍼볼 게임(뉴욕 자이언츠와 버펄로 빌스 간 대결)에서 당대 최고의 인기 가수 휘트니 휴스턴이 선사한 환상적인 버전과 함께 미국 국가는 '인기곡' 대열에 들어서게 된다.

더 이상 없을 역사적 가창이었다. 4분의 3박자 곡을 4분의 4박자로 바꿔 가스펠 식으로 해석해 너무나 아름다운 노래로 새롭게 빚어낸

휘트니 휴스턴의 싱글
〈The Star-Spangled Banner〉

것이다. 한 음 한 음에 강한 악센트가 실렸다. 미국인들은 애초 그녀가 흰 머리띠에 슈퍼볼 출연 가수 중 처음으로 트레이닝복(일명 추리닝)을 입고 연단에 오른 것을 보고 의아해했다. 막상 노래를 듣고는, '가창의 매혹' 그 자체로 숨이 멎는 줄 알았다며 '우리 미국 국가가 이렇게 쿨한 노래였나?'라는 반응을 나타냈다.

당시는, 1990년 8월 사담 후세인의 이라크가 쿠웨이트를 침공하자 미국이 이끄는 다국적 연합군이 전방위 공습을 한 데 이어 대규모 지상군을 투입하기 직전이었다. 바로 걸프전이 한창이었다. 반전 여론이 없지는 않았지만, 이 무렵은 일촉즉발의 삼엄함과 긴장 속에 미국인들 사이에서 애국심이 고취되고 있었다. 이 상황에서 휘트니 휴스턴이 부른 아름다운 국가는 미국인들 사이에 나라 사랑의 마음이 폭발하는 계기를 만들었다.

이러한 시대적 배경에 휘트니만의 보컬의 예술성은 국가의 무게감을 끝도 없이 높여놓았다. 당장 상업적 싱글로 발표되어 빌보드 차트 20위에 등장하는 센세이션을 야기했다. 이전 호세 펠리시아노의 기록도 순식간에 갈아치웠다. 판매고도 상상을 초월해 레코드사도 '과연 이럴 수가 있나?' 하고 의아해할 정도의 밀리언셀러를 기록했다. 국가가 히트곡이 된 것이다.

2018년 공개된 다큐멘터리 영화 '휘트니'에서도 조명되었듯이, 슈퍼볼에서 국가를 불렀던 그 순간은 휘트니 본인도 인정한, 자신의 커리어의 가장 빛나는 순간이었다. 그와 동시에 미국 국가 입장에서도 다시없을 전성기(?)를 누려본 순간이었다. 2001년 9·11 테러 때 미국의 애국심이 다시금 소생하면서, (비록 10년 전의 노래지만) 이 노래가 호출된 것은 당연했다. 또다시 싱글 차트에 명함을 내밀었다. 놀라운 것은, '빅히트'로 평가되는 톱10에 진입, 6위까지 오르는 성공의 대확장을 일궈냈다는 사실이다. 역시 밀리언셀러의 판매량을 기록했다.

휘트니 휴스턴의 성공은 한편으로는 미국 국가를 부르는 것이 그만큼 어려워 그 같은 재능의 소유자만 가능하다는 것(그래서 공적 행사에 가창력이 뛰어난 유명 가수를 초청하는 것이 관례가 됐다)을 재확인해주었다. 하지만 이후 더 이상 국가에 대한 대대적 환영 또한 없다는 것도 알려주었다. 남은 것은 국가를 무시하고 조롱하고 비판하는 '부정성'이었다.

록 밴드의 경우 키스(Kiss)가 1993년에 연주로, 밴드 밴 헤일런(Van Halen)에서 나온 데이비드 리 로스(David Lee Roth)가 1986년 발표한 〈Yankee Rose〉란 곡에서 국가의 일부를 시끄러운 하드 록 버전으로, 1970년 팀 결성 이래 줄곧 미국적 가치를 신봉해온 록의 전설 에어로스미스(Aerosmith)의 스티븐 타일러(Steven Tyler)가 각각 2001년과 2012년 원곡의 분위기 혹은 가사 일부를 개사하여 전해준 것은 결코 애국심에서 우러난, 국가에 대한 경례라고 할 수 없었다. 스티븐 타일러는 2001년 공개 사과까지 했다.

악기 밴조(banjo)를 이용한 포크 성향의 독특한 음악을 들려주는 미국 미시간 출신의 싱어송라이터 수프얀 스티븐스(Sufjan Stevens)는 공연마다 자주 〈성조기〉의 자신만의 버전을 들려주는데, 그의 해석에는 미국의 낙관과 자랑스러움은 온데간데없고 분열과 갈등의 회의적 시선이 압도한다.

'그래서 이런 것들이 우리를 갈라놓은 것 말고 뭘 했다는 말인가 (Has it done nothing more than to drive us apart)?'

지미 헨드릭스의 소란한 국가 연주

이 부분에서 역사적으로 가장 유명하고 지금도 그 영향이 이어지고 있는 사례는 1969년 우드스탁 페스티벌에서 경천동지의 충격을 일으킨 지미 헨드릭스(Jimi Hendrix)의 국가일 것이다. 월남전에 대한 청춘의 반전 여론이 정점을 향해 가고 있던 당시 그가 오로지 일렉트릭 기타 한 대로 노이즈와 피드백 이펙트를 극대화하면서 표현하고자 했던 것은 '우리의 미국은 전쟁광(狂)인 나라'라는 사실이었다.

미국 국가에서 가장 강렬한 대목인 '포탄의 붉은 섬광(the rocket's red glare)'과 '창공에서 작렬하는 폭탄(the bombs bursting in air)'은 '밤새 우리의 깃발이 휘날린 증거'가 아니라 그에게는 '전쟁과 소란한 현실의 고통스러운 사운드트랙일 뿐'을 의미했다. 청각을 난도질하듯 시끄러운 소리로 도배한 이 국가 버전은 1960년대 말 기존 질서에 도전하며 사랑과 평화의 세상을 꿈꾸던 베이비붐 세대의 지향, 그 '반전 정서'의 상징으로 역사적 위상을 지키고 있다.

비단 음악뿐 아니라 타 분야에서도 국가를 비아냥거리는 움직임은 중단이 없다. 여류 코미디언 로잰느 바(Roseanne Barr)는 1990년 7월 15일 메이저리그 샌디에이고 파드리스 야구 경기에 앞서 괴이한 국가 제창으로 논란을 불러일으켰다. 그는 국가의 음높이가 너무했는지 중간 부분에서 찡그린 표정으로 쥐어짜는 듯 힘겹게 노래했고,

끝난 후에는 마치 선수들이 하듯 침을 뱉고 사타구니를 움켜잡는 듯한 포즈를 취해 언론으로부터 마녀사냥을 당했다.

논란을 잠재우기 위해 로잰느 바는 공개 사과를 위한 기자회견을 요청하기도 했다. 현장에 있던 조지 H 부시 대통령이 저게 뭐냐며 수치스럽다는 반응을 보였다고 한 것에 대해 그는 "유감스럽게도 노래를 잘 부르지 못했지만, 대통령은 어떻게 노래하는지 듣고 싶다"라며 기지를 발휘하는 것을 빼놓지 않았다. 미국 국가를 부르는 게 어렵다는 데서 발발한 사태였지만, 그것은 동시에 국가에 대한 경건한 태도가 흔들리고 있음을 말해주는 것이었다.

2016년 샌프란시스코 포티나이너스(49ers)의 쿼터백 콜린 캐퍼닉 (Colin Kaepernick) 사건은 명백한 정치·사회적 저항이었다. 그는 그

지미 헨드릭스

해 NFL 세 번째 프리시즌 경기에 앞서 국가가 연주될 때 모두 일어나 가슴에 손을 얹는 관례를 무시하고 앉아 있는 것이 포착되었다. 국가를 모독한 것 아니냐며 논란의 중심이 되었다. 사실 이전 프리시즌 두 게임 때도 앉아 있었으나 TV 카메라에 비치지 않아 그냥 넘어갔던 건데 이번에는 제대로 걸린 상황이었다.

하지만 그는 단호했다. "나는 흑인과 유색인종을 억압하는 나라의 국가에 대한 자부심을 표현하기 위해 일어나지 않을 것이다"라며 "내게 이것은 풋볼보다 중요한 것이며, 다른 시선을 갖는 것은 내 경우에 이기적으로 보인다. 거리에 시체가 있고 월급쟁이들이 일터를 떠나고 살인을 당하고 있는 게 우리의 현실이다!"라고 목소리를 높였다.

그의 주장은 오바마 대통령 시대를 맞아 도리어 백인 경찰의 무자비한 공권력 행사가 증가하는 가운데 그에 따른 흑인들의 잇따른 죽음이 야기한 사회운동, 이른바 '흑인의 목숨도 소중하다(Black Lives Matter)' 무브먼트와 발맞춰 나온 것이었다. 그는 "국기와 국가가 대변하기로 한 가치를 대변하는 그 날까지 저항할 생각"이라고 거듭 강조했다. 프리시즌 네 번째 경기에서 그는 앉는 대신 무릎을 꿇는 자세를 취해 자신의 입장을 견지했다.

미국의 백인 주류사회에서 아직도 국가는 경배의 대상이다. 모든 국가적 혹은 공적 행사에서 기성세대 백인들은 국가가 연주되면 일

어나 따라 부르며 뭉클한 마음으로 경건함을 표현한다. 국가 거부
는 있을 수 없는 사건이다. 1990년 9월 아일랜드 출신의 빡빡머리
여가수 시네드 오코너(Sinead O'Connor)가 미국 뉴저지주의 가든 주
립예술관 콘서트에 앞서 미국 국가가 연주되면 공연을 하지 않겠다
고 한 사건에 대해 미국인과 언론이 보인 흥분은 이해할 만하다. 시
네드 오코너는 당시 국가 거부의 동기에 대해 이렇게 일갈했다.
"미국 국가와 나, 나의 음악과는 관계가 없기 때문이다. 나는 하늘에
화염을 뿜어내고 대기에 폭탄을 쏴대는 것을 영광시하는 노래가 들
려진 다음에 무대에 설 수 없었다."
타국인이 아닌 미국인들조차도 이런 시선에 무턱대고 반대하지는
않을 것이다.
확실히 미국의 국가는 '시련'을 겪는 중이다. 더 이상 국가가 경배의
대상으로 기능하기 어려울 것 같은 조짐이 확산되고 있다. 최강국
미국에서 국가에 대해 자발적 수용의 흐름이 흐트러지고 있는 것처
럼 많은 나라에서 국가가 풍전등화의 상황이다. 2005년 해리스 인
터랙티브 여론조사에 따르면 미국의 성인들 대부분은 국가의 가사
는 물론 국가의 역사를 알지 못하는 것으로 나타났다. 국가와 국민
의 자발성과의 관계가 매우 약하다는 것의 증거가 아닐 수 없다. 그
해 3월 정부 지원의 교육프로그램인 '국가(National Anthem) 프로젝
트'가 출범했다. 의도는 국기와 국가 모두인 '스타 스팽글드 배너'의

중요성을 미국인들에게 교육함으로써 미국의 애국심을 부활시키자
는 것이다. 찬반 의견이 치열하게 대립했다.

이것만은 분명하다. 국가가 현재 위기에 처해 있다는 사실. 국가를
포함하는 상징들을 내건 공동체주의가 선험적이고 자연발생적인
연대를 지나치게 강조하는 것 아니냐는 회의론이 끓어오르고 있다
는 사실. 어쩌면 국가는 전체주의의 상징 아닌가. 세계 곳곳의 국가
가 현재 위협받고 있다.

캐나다의 국가 〈오 캐나다〉

캐나다는 1931년 웨스트민스터 헌장과 1982년 영국 의회와 캐
나다 의회가 합의한 「캐나다법(The Canadian Act)」의 통과로 현재 영
국에서 완전히 분리된 독립국으로 존재한다. 하지만, 본래 영국인
개척자들이 세운 나라이고, 현재도 영연방 소속으로 영국과 긴밀한
우호 혹은 '밀당' 관계에 있다.

따라서 본래의 국가도 영국의 식민지였을 때 만들어진, 제목도 낯
설지 않은 〈단풍잎이여 영원하라(The Maple Leaf Forever)〉다. 캐나
다 군인이 1866년 작사·작곡했다고 알려져 있으며, 가사 역시 영국
의 번영을 기원하고 여왕에게 충성을 맹세하는 내용이다. 실제로
이 국가는 1980년까지 정부 기관 및 공공단체에서 사용되었고, 현
재도 캐나다 육군 군악대에서 행진곡으로 연주되기도 한다.

〈오 캐나다(O Canada)〉는 1980년 공식적으로 〈단풍잎이여 영원하
라〉를 대체하는 국가로 선포되었다. 캐나다가 영어와 프랑스어를

공용어로 지정한 이중 언어 국가라 가사도 영어와 프랑스어가 있다. 부를 때도 영어 가사와 프랑스어 가사를 번갈아 부르는 게 관례로 되어 있다. 애초에는 프랑스어 가사만 존재했다.

캐나다의 국기 속 단풍잎 문양이 사실 프랑스계 캐나다인(특히 퀘벡주에 거주하는)을 상징하는 표식에서 출발했던 것처럼 〈오 캐나다〉역시 처음에는 프랑스계 캐나다인 또는 캐나다에 거주하는 프랑스인을 상징하는 국가였다. 그러다 보호무역에 따른 영국과 프랑스간 무역전쟁에서 영국이 승리하면서 1908년 국가에 영어 가사를 붙였다. 가사는 여러 차례 바뀌었다.

1960년대부터 〈오 캐나다〉를 공식 국가로 제정하자는 움직임이 생겨났고, 결국 1980년 의회에서 '국가 조약(National Anthem Act)'이 통과되면서 마침내 공식적으로 캐나다 사람 모두를 포괄하는 캐나다 국가가 탄생했다. 다만 '별도의 국가'로까지 분류되는 퀘벡 역사지구에서는 1975년 작곡된 〈나라의 사람들이여(Gens Du Pays)〉를 국가 개념으로 노래한다.

1990년 가사 중 'Our home and native land'를 'Our home and cherished land'로 바꾸고 'In all thy sons command'를 'In all of us command'로 고치자는 제안이 토론토 시의회에서 발의되었다. 이는 'son'이란 단어가 남녀 차별적 언어 사용이라는 비판에서 나온 것이었고, 2000년대 후반에는 가사에 특정 종교에 대한 함의가 있다는 지적이 나오기도 했다. 결국 비교적 최근인 2016년에 'all thy sons'를 'all of us'로 수정하는 방향으로 하원 의회에서 투표가 실시되어 통과되었다.

캐나다 국가는 '국가 조약'에서 그 가사와 멜로디에 대한 권리를 모두 개방해 현재도 다수의 리메이크 버전으로 공연되고 있는 것이 특징이다. 다시 말해 〈오 캐나다〉의 편곡을 포함해서 재(再) 프로듀싱과 사용을 허락하고 있으며 연주에도 제약을 두지 않는다. 록 밴드, 클래식 오케스트라 등 모든 버전이 가능할 정도로 상당히 탄력적이다. 우리나라도 그렇지만 국가 연주가 대부분 국내 및 국제 스포츠 대회에서의 축하공연 형식으로 이뤄진다.

국가 중에서는 아름다운 수작으로 평가받는다. 합리적이고 탄탄한 화성법적 토대 위에서 선율이 매끄럽고 유려하게 전개된다. 4분의 4박자 세도막 형식, 28마디로 구성되어 있고 도입부의 선명한 모티브를 종결부의 첫 소절에서 재현함으로써 전반부와 후반부 소재의 통일감을 살리는 한편, 그 사이를 방향성이 명확한 동형 진행(sequence) 모티브를 활용해 채워줌으로써 듣는 이들에게 익숙함을 선사한다. 이는 곧 대중성을 의미하며, 이 곡을 처음 접하는 사람조차 친숙함과 호감을 갖게 하는 힘을 발휘한다.

1992년 톱가수 셀린 디온(퀘벡주 출신이다)은 관례대로 〈오 캐나다〉의 반은 프랑스어, 반은 영어로 불렀다. 2014년 3월 밴쿠버에서 열린 NHL(National Hockey League) 헤리티지 클래식에서는 캐나다 국가대표 가수 사라 맥래클런이 라이브로 노래했다. 캐나다가 최강의 면모를 구가하는 스포츠인 아이스하키를 비롯해서 농구, 야구 등에서 승리하면, 특히 인접 국가이자 북미 스포츠 최대 라이벌인 미국과 붙어서 승리하면 캐나다인들은 어김없이 〈오 캐나다〉를 목이 터져라 부른다.

> '오 캐나다!/ 우리의 집이자 소중한 땅이여!/ 진정한 애국심은 우리들 모두의 명령/ 타오르는 가슴으로 조국의 비상(飛上)을 바라보라/ 진정한 북녘(North)의 강력함과 자유로움이여…'

국가 가사 안에 애국심이 가득 표현되어 있어서인지 애국심 폭발은 곧바로 국가 제창으로 이어지는 셈이다.

2019년 캐나다 토론토팀이, NBA(미국프로농구협회) 챔피언 결정전에서 여러 차례 우승을 차지하고 슈퍼스타 스테픈 커리가 이끄는 미국의 강팀 골든스테이트를 4승 2패로 꺾고 캐나다 연고팀 최초로 창단 24년 만에 우승을 차지하자 캐나다의 거리는 온 국민이 하나 되어 미친 듯 〈오 캐나다〉를 합창하는 일대 장관을 연출했다.

모든 뉴스가 "토론토 팬들이 국가를 응원가처럼 부르며 잠을 이루지 못했다"라고 보도했다. 아마도 국가를 응원가로 부르는 나라는

캐나다 국기와 〈오 캐나다〉

캐나다가 유일하지 않을까. 마지막 6차전에서 〈오 캐나다〉를 불렀고 "우리는 캐나다인으로서 캐나다인임을 축하하는 기회를 많이 갖지 못한다. 나는 나의 나라를, 작은 방식이지만 대표하게 된 것을 사랑한다"라고 말한 사라 맥래클런을 통해서도 나라와 나라노래에 대한 깊은 사랑을 읽을 수 있다.

1992년과 1993년 연속으로 메이저리그 야구에서 우승을 차지했을 때도 캐나다의 주요 도시는 거리로 쏟아져 나온 사람들의 국가 부르기로 몸살을 앓았다. 반면에 국기(國技)인 아이스하키 경기에서 만약 미국에 지는 일이라도 생기면, 2011년 세계를 놀라게 했던 거리 난동이 증명하듯 폭력적인 양상이 나타나기도 한다. 게다가 목이 터져라 부르고 다 함께 '떼창'하는 게 일상화되어 있다.

미국과 캐나다의 경기가 벌어질 경우 미국 팬들은 국가를 조용히 부르는 반면 캐나다 팬들은 '떼창'을 해 대조를 이루는 장면은 꽤나 익숙하다. 하키, 야구, 농구에 관한 한 '미국한테 지는 꼴을 못 본다'고 하는 캐나다 사람들은 미국 때문에도 그 누구보다 국가를 사랑(?)하는 편이다. 어찌 보면 미국이 캐나다의 국가에 실용적(?) 가치를 부여해주고 있는 셈이다.

2019년 개봉한 애니메이션 '토이 스토리 4'에 새로 나온 캐릭터로 저돌적이지만 허세 가득한 오토바이 장난감 '듀크 카붐(Duke Caboom, 키아누 리브스가 목소리 연기를 했다)'이 미션을 성공적으로 수행할 때 캐나다 국가 〈오 캐나다〉를 연호한다. 갑자기 이게 나오는 이유는 듀크 카붐이 캐나다인이기 때문이다. 캐나다 사람들의 〈오 캐나다〉에 대한 무한 애정을 염두에 둔 설정인 셈이다.

4장 — 중남미

브라질의 국가 <브라질 국가>

쿠바의 국가 <바야모의 노래>

베네수엘라의 국가 <용감한 자들에게 영광이 있으라>

콜롬비아의 국가 <오, 불멸의 영광이여!>

칠레의 국가 <칠레 찬가>

우루과이의 국가 <동방인들이여, 조국이 아니면 죽음을>

파라과이의 국가 <파라과이의 공화국 또는 죽음>

자메이카의 국가 <우리가 사랑하는 땅, 자메이카>

멕시코의 국가 <멕시코의 국가>

도미니카공화국의 국가 <용감한 키스케야인>

아이티의 국가 <드살린의 노래>

푸에르토리코의 국가 <보린케냐>

페루의 국가 <우리는 자유로우며 언제나 그러하리라>

아르헨티나의 국가 <아르헨티나 국가>

브라질의 국가 〈브라질 국가〉

2016년 리우 하계올림픽 개막식을 지켜본 전 세계인들은 가수 파울리뉴 다 비올라(Paulinho da Viola)가 아름다운 기타 연주와 함께 느리게 노래하는 〈브라질 국가(Hino Nacional Brasileiro)〉를 감상할 기회를 가졌다. 이 광경이 생경했던 것은 바로 2년 전 브라질 땅에서 열렸던 2014 브라질 월드컵에서의 압도적인 합창과 확실한 대비를 이뤘기 때문이다. 당시 개최국으로서 우승을 노리던 브라질 선수들과 국민들은 시간 관계상 반주가 끊기자 나머지 부분을 무반주로 합창하며 상대 팀에게 위압감을 안겼다(하지만 기대와 다르게 준결승에서 독일에 7대1로 참패하는 수모를 당했다). 하지만 월드컵 3회 우승으로 줄리메컵을 영원히 보유한 국가라는 찬란한 이력이 말해주듯, 축구 절대 강국 브라질의 국가는 나라의 역사, 존재감, 지명도와 무관하게 널리 알려져 있다.

그만큼 세계인들은 브라질의 국가 대항전 축구 경기를 TV를 통해 많이 시청했다. 아마도 축구 팬들 사이에선 가장 유명한 국가라고 해도 과언이 아닐 것이다. 확실히 FIFA 월드컵 경기와 흔히 A매치로 불리는 국가 대항전은 올림픽 시상식과 더불어 국가의 대중적 친화력을 확보할 수 있는 절호의 기회다.

브라질의 국가는 지금의 형태를 갖추기까지 상당히 많은 변화를 거쳤다. 포르투갈의 거대한 식민지였던 브라질은 1822년 포르투갈 왕세자 페드루가 브라질제국을 선포하고 독립하면서 최초로 독립된 국가를 갖게 됐다. 독립 직후 페드루 1세가 직접 작곡한 〈독립의 찬가〉가 그것이다. 하지만 아르헨티나와의 '500일 전쟁'에서 참패한

리우 올림픽, 브라질과 남아프리카공화국의 축구 경기 국가 연주(2016.8.4.)

페드루 1세가 고국 포르투갈로 퇴위, 새 국가에 대한 요청이 일면서 〈독립의 찬가〉는 역사 속으로 사라졌다.

작곡가이자 교사였던 프란시스쿠 마누에우 다 시우바가 작곡한 〈브라질 국가〉의 멜로디는 1831년 브라질 정부의 새 국가 공모 과정에서 채택됐다. 판사 오비지우 사라이바가 쓴 가사는 인기가 없어 사라졌으나, 홍겨운 아리아풍의 멜로디는 살아남아 가사 없이 불리곤 했다. 1899년 폰세카 장군의 쿠데타로 황정이 무너지자 〈공화국 선포의 노래〉라는 노래가 새 국가로 제정된다. 그러나 시우바의 국가를 지지하는 국민이 더 많았기에 〈브라질 국가〉가 계속 가사 없이 사용되었고, 1922년 브라질 독립 100주년을 맞아 1909년에 쓰인 시인 조아킹 오조리우 두키-이스트라다(Joaquim Osório Duque-Estrada)의 가사를 승인하여 마침내 현재의 브라질 국가가 완성되었다.

전형적인 군가를 클래식풍으로 구성했다. 축구와 함께 브라질의 또 다른 상징인 삼바 리듬의 요소는 없다.

'평온한 이피랑가의 둑에/ 영웅들의 함성이 들린다/ 그리고 하늘에서부터 눈부신 자유의 빛!/ 나의 조국의 하늘에 한 줄기 비추네!/ 힘셈 팔로 이루었네/ 우리의 평등의 염원을/ 그대의 가슴에 자유를!/ 우리의 심장은 죽음도 두려워하지 않으리!/ 오, 사랑하고 경배하는 조국 만세, 만세!'

쿠바의 국가 〈바야모의 노래〉

카리브해 섬나라 쿠바의 국가 〈바야모의 노래(El Himno de Bayamo)〉는 스페인의 지배로부터 독립하고자 일어섰던 쿠바 국민들의 저항 의식으로 뜨겁다. 행진곡풍의 이 노래는 1868년 스페인의 압제에 저항하며 시작된 '10년 전쟁'의 포화 속에 작곡되었다. 쿠바의 독립군이 스페인 측 바야모 병영을 점령한 것을 기념하여 페드로 피게레도가 여섯 줄의 가사와 멜로디를 붙였다.

이후 피게레도는 1870년 스페인군에 붙잡혀 총살당했고, 노래는 금지곡이 되었으나 민중가요처럼 독립군들 사이에서 애창되었다. 이후 1895년 본격적인 쿠바 독립전쟁이 시작되었다. 1898년 쿠바를 노리던 미국과 스페인 사이에 전쟁이 벌어지고, 미국이 승리하면서 스페인의 식민지인 쿠바와 필리핀에 대한 권리를 얻게 되었다. 미국은 필리핀은 식민지로 삼되 쿠바는 독립시켰다.

1902년 쿠바공화국이 정식으로 수립되면서 〈바야모의 노래〉 또한 쿠바를 대표하는 노래로 공식 제정되었다. '이베리아인들을 몰아내자/ 스페인에 맞서 싸우자'라는 호전적인 가사 탓에 공화국 시절에는 가사를 일부 수정하여 사용하기도 했다.

이후 미국의 괴뢰 정권으로 빈부 격차가 심해지자 쿠바는 1959년 혁명의 소용돌이를 겪으며 카리브해 최초의 공산 국가로 다시 태어난다. 그 주인공이 바로 체 게바라와 피델 카스트로다. 21세기인 지금도 쿠바는 사회주의 공화국으로서 반미(反美) 기조에서는 벗어났으나 공산주의 체제는 유지하고 있다. 하지만 〈바야모의 노래〉는 나라의 상징으로 변함이 없다. 이 노래가 말해주듯 지구촌 국가의 태생적 틀은 대부분 '독립'이다.

베네수엘라의 국가
〈용감한 자들에게 영광이 있으라〉

　　최근 베네수엘라는 신문의 문화면보다 사회면에서 자주 보이는 국가다. 2014년 유가 폭락으로 시작된 베네수엘라의 경제 위기는 국가의 근간 자체를 흔들어 놓았으며, 살인적인 물가 상승과 정치적 혼란은 한때 남미의 복지국가로 인식되어온 베네수엘라를 절망적인 상황으로 몰아넣고 있다.

2019년 들어서는 독재나 다름없는 통치로 국민들의 원성을 산 니콜라스 마두로 대통령에 대해 국회가 폭발하며 1월 12일 마두로의 대통령 취임을 불법으로 선언했다. 이어서 국회의장인 후안 과이도가 자신을 스스로 대통령으로 임명해 실권 대통령을 놓고 마두로와 과이도가 충돌하는 양상이 벌어지며 둘의 갈등이 국제사회의 대리전으로 확대되었다.

베네수엘라의 국가는 1810년 만들어진 〈용감한 자들에게 영광이 있으라(Gloria al Bravo Pueblo)〉다. 미국 독립전쟁과 프랑스혁명에

시몬 볼리바르

참가한 프란시스코 데 미란다 장군이 베네수엘라에서 혁명을 이끌고 1811년 독립을 선언한 시기와 일치한다. 그러나 제대로 된 베네수엘라의 독립은 미란다와 함께한 베네수엘라 출신의 남미 독립운동 지도자 시몬 볼리바르가 이끌었다. 그는 1819년 콜롬비아, 에콰도르, 파나마 등과 함께 공화국 그란콜롬비아를 세우고 초대 대통령을 지내며 남미의 독립운동을 이끌었다.

〈용감한 자들에게 영광이 있으라〉는 1881년이 되어서야 당시 대통령이던 안토니오 구스만 블랑코에 의해 정식으로 국가로 제정됐다. 남미의 국가들이 더러 그러한데, 후렴을 먼저 부르고 절이 이어지는 독특한 구조를 취하고 있다. 노래는 '사악한 이기심'에 패배한 '불쌍한 자유'가 단결과 투쟁을 통해 영광을 얻은 '명예로운 국민들'을 칭송하고 있다. 베네수엘라의 혼란스러운 현 상황과 맞아떨어지는 내용이다.

족쇄여! 족쇄여!/ 주님이 소리쳤도다 주님이 소리쳤도다/ 그리고 그의 오두막이라는 불쌍한 자유는/ 거룩한 이름으로 공포에 떨었도다/ 사악한 이기심이 승리했도다/ 거룩한 이름으로 공포에 떨었도다/ 거룩한 이름으로 공포에 떨었도다/ 사악한 이기심이 승리했도다/ 사악한 이기심이 승리했도다/ 멍에를 흔들었다네/ 용감한 자들에게 영광이 있으리/ 법률을 존중하는 미덕과 명예가/ 멍에를 흔들었다네/ 용감한 자들에게 영광이 있으리/ 법률을 존중하는 미덕과 명예가…'

콜롬비아의 국가 〈오, 불멸의 영광이여!〉

남미의 콜롬비아는 우리에겐 커피로 유명한데, 최근에는 남미 축구의 상위 국가로 월드컵 무대에서 이름이 자주 들린다. 이 나라의 공식 국가는 〈콜롬비아의 국가〉지만 흔히 〈오, 불멸의 영광이여 (Oh, Gloria Inmarcesible!)〉라는 타이틀로 불린다. 1887년 이탈리아 오페라 작곡가인 오레스테 신디치가 작곡했고 당대 대통령 라파엘 누네즈가 가사를 썼다.

1819년 독립 국가를 결성한 콜롬비아는 시몬 볼리바르의 그란콜롬비아로 베네수엘라, 에콰도르를 포함하는 거대한 영토의 국가였지만 결국 베네수엘라와 에콰도르의 분리를 막지 못했다. 라파엘 누네즈의 가사에서는 '왕이 주권하지 않는 아메리카' '안데스산맥과 교차하는 볼리바르' 등 시몬 볼리바르와 남미 국가들의 자립심을 찬양하는 메시지가 먼저 눈에 들어온다.

이탈리아인 작곡가의 작품이 대체로 그렇듯 〈오, 불멸의 영광이여!)도 이탈리아 국가 〈마멜리의 찬가〉처럼 전주가 꽤 긴 편이며, 다른 남미 국가들처럼 후렴을 먼저 부르고 각 절로 나아가는 것이 특징이다. 국제무대에서는 11절까지 있는 가사 중 1절만 부르는 것이 관례다. 정식으로 국가의 역할을 하게 된 것은 1920년부터다.

2014년 인접국 브라질에서 개최된 월드컵에서 콜롬비아 선수들과 관중들은 콜롬비아의 경기 때마다 압도적인 국가 합창으로 상대국에 위압감을 심어줬다. 그런데 이 대목에서 한 가지 의문이 인다. 정말 국가를 열심히 부르면 경기 결과가 좋게 나타날까?

국가가 국민적 유대관계와 일체감을 다지고 국가에 대한 충성도를 강화하면서 애국심과 애국적 행위를 고양하는 데 기여한다고 봤을 때 실제로 국가를 열창하면 승리 가능성이 높을 것으로 예측된다. 2018년 2월에 축구와 국가의 경기 상관성과 관련된 논문이 발표된 적이 있다. 영국 스태퍼드셔대 매튜 슬레이터, 오스트레일리아 퀸즈랜드대 알렉산더 해슬램과 니클라스 스테펜스 등 3명의 스포츠과학자는 〈유럽 스포츠과학 저널〉에 '우리를 위해 노래하기: 국가를 부르는 팀 열정이 승리와 관계한다(Singing it for "us": Team passion displayed during national anthems is associated with subsequent success)'라는 제목의 논문을 발표했다.

여기서 그들은 2016년 유럽축구선수권대회(유로 2016)를 분석한 결과 국가를 열심히 불렀던 팀들이 더 많은 골을 넣고 승리를 거뒀다고 주장하고 있다. 결론은, 국가를 부르는 것을 보면 승패를 예측할 수 있다는 것이다.

그래서 이강인 선수가 20세 이하 월드컵 16강전에 앞서 〈애국가〉를 크게 불러달라고 주문한 걸까? '국가 정체성에 근거한 열정이 승리의 요소로 작용하는지?'에 관해서는 더 많은 연구가 필요하겠지만, 많은 사람들이 열정적 국가 제창이 사기 진작에 영향을 미친다고 믿는 것 같다. 아니, 믿고 싶어 하는 것 같다.

칠레의 국가 〈칠레 찬가〉

남미에서 긴 국토를 가진 것으로 널리 알려진 칠레는 1818년 정식으로 독립국으로 인정받았다. 이 나라의 국가는 〈칠레 찬가(Himno Nacional de Chile)〉로, 1819년 독립 시기에 작사된 원래 노래를 1847년 대체하여 지금까지 국가의 지위를 유지하고 있다. 가사와 멜로디가 다른 국가를 두 번 가진 셈이다.

두 번째 국가가 되는 〈칠레 찬가〉는 시인 에우세비요 리오가 작사하였고 스페인의 오페라 작곡가인 라몬 카르니세르가 작곡했다. 상기한 것처럼 본래 1819년부터 사용되던 〈국가의 노래〉가 있었으나, 보다 자유주의적인 라몬 카르니세르의 새로운 멜로디를 선택하게 됐고, 에우세비요는 압제자 스페인을 비판하는 가사를 순화했다.

〈칠레 찬가〉는 6절까지 있지만 일반적으로는 5절과 후렴만 부르는데, 1973년 살바도르 아옌데 대통령을 축출한 아우구스토 피노체트 군사 독재 정권에서는 3절도 같이 불렀다. 5절의 평화로운 가사가 칠레의 넓은 국토와 아름다운 정경을 노래한다면, 3절의 가사는 '그 대란 용감한 병사들이다/ 사신의 외침이 되어라' 등 군국주의적 내용을 담고 있기에 불렸을 것이다. 지금도 피노체트 독재 정권을 그리워하는 이들은 3절을 같이 부른다고 한다.

현재의 〈칠레 찬가〉는 그간 약간의 수정은 있었으나 1847년의 노래를 그대로 사용하고 있다. '조국이여 이 맹세를 받아주오/ 제단 앞에서 칠레는 이렇게 선언했느니/ 자유인의 무덤이 되리라!/ 아니면 탄압받는 자들의 피난처가 되리라!'라는 가사의 후렴 마지막을 세 번 반복해서 부르는 것이 특징이다.

명곡 〈호텔 캘리포니아〉를 주조해낸 이글스의 명 기타리스트 조 월시(Joe Walsh)가 2003년에는 미국 캘리포니아 애너하임을 연고로 하는 LA에인절스 야구 경기에 앞서 많은 칠레 관중을 위해 칠레의 국가를 기타로 연주하고 노래하기도 했다. 2014년 브라질 월드컵에서는 경기 시작 전 국가를 연주하다 반주가 끊기자 선수들과 칠레 관중들이 대규모 합창으로 노래를 마무리하는 장관을 보여줬다.

우루과이의 국가
〈동방인들이여, 조국이 아니면 죽음을〉

　　브라질과 아르헨티나 사이의 국가 우루과이는 원래 포르투갈과 스페인의 식민 지배를 겪다 독립했다. 하지만 새로운 강대국인 브라질제국에게 강제로 국토를 점령당하며 시스플라티나주에 편입됐다. 포르투갈 식민지였던 브라질과 (주로) 스페인 식민지였던 우루과이는 엄청난 차이가 있었고, 결국 우루과이 백인 반란군과 브라질 군대의 충돌은 또 다른 이웃 국가 아르헨티나의 개입을 가져오며 '500일 전쟁'으로 이어졌다. 이 전쟁에서 아르헨티나가 브라질군을 물리치면서 1828년 우루과이는 독립을 쟁취할 수 있었다.

우루과이의 국가 〈동방인들이여, 조국이 아니면 죽음을(Orientales, La Patria O La Tumba)〉은 브라질을 비롯한 여타 남미 국가의 국가들과 마찬가지로 긴 전주로 유명하다. 거의 1분에 달하는 전주 때문에 주요 스포츠 경기를 보면 TV 화면에 국가 가사가 다 소개될 때쯤 돼서야 선수들이 노래를 시작하는 진풍경을 볼 수 있다. 헝가리계 우루과이 작곡가 프란시스코 호세 데발리가 곡을 만들고 우루과이 시인 프란시스코 아쿠냐 데 피게로아가 가사를 붙였는데, 이들은 파라과이의 국가 〈파라과이의 공화국 또는 죽음〉을 만들기도 했다.

이탈리아 아리아풍의 멜로디 역시 남미의 다른 국가들에서 볼 수 있는 형식이다. 독립을 위해 목숨 걸고 싸웠던 '전쟁'의 메시지를 담고 있는 것 또한 다른 남미 국가들과의 공통점이다. 국가가 만들어진 것은 1845년이지만 공식 국가로 인정된 것은 3년이 지난 후인 1848년이었다.

우루과이 국가는 세계에서 가장 아름다운 찬송가의 하나로 평가되고 있으며, 실제로 많은 클래식 음악가들이 연주하는 레퍼토리에 포함된다. 교향악의 관점에서 아주 잘 만들어졌다는 고평을 받는다.

월드컵 초창기 축구 최강국이었던 우루과이는 한국과 인연이 없지 않다. 1983년 박종환 감독이 이끄는 청소년 축구팀이 20세 이하 월드컵에서 4강의 감격 신화를 창조하게 해준 나라가 바로 우루과이였다(한국이 2대1로 승리했다). 2010년 남아공 월드컵 16강에서도 맞붙어 우리에게 2대1의 패배를 안겼다. 한국의 대척점이 되는 나라이기도 한데, 여수 앞바다에서 정확히 지구 반대편에 우루과이의 수도 몬테비데오가 위치한다. 군사 독재를 겪고 민주화를 일궈낸 나라라는 역사적 공통점도 있다.

파라과이의 국가
〈파라과이의 공화국 또는 죽음〉

　남미의 내륙국 파라과이는 1811년 독립을 이룬 후 신흥 강국으로 자리매김하였으나, 아르헨티나와 우루과이, 브라질이 동맹을 맺고 일으킨 삼국동맹전쟁에서 패배하였다. 인구의 60%가 사망하는 참혹한 패전이었다. 영토만 빼앗긴 것이 아니라 파라과이 남자 인구의 90%가 전쟁으로 희생되면서 이후 엄청난 성비 불균형에 시달렸다. 1993년이 되어서야 민주 정권이 들어설 수 있었지만, 경제적으로는 후진국이다.

〈파라과이의 공화국 또는 죽음(Paraguayos, República O Muerte)〉은 우루과이의 국가 〈동방인들이여, 조국이 아니면 죽음을〉과 작사·작곡자가 같다. 프란시스코 아쿠냐 데 피게로아가 작사를, 프란시스코 호세 데발리가 작곡을 맡았다. 때문에, 남미 국가들의 국가의 특징이라고 할 '아리아풍'과 '비장한 가사'라는 점에서도 공통점이 드러난다. 차이라면 '아메리카인들은 불행하게도 독재자에 의해 300

여 년을 억압받았다라는 것에 기초해 전체적으로 공격적 성향을 담고 있다는 것 정도랄까.

1846년 대통령 카를로스 안토니오 로페즈가 이 노래를 국가로 제정했고, 1933년 파라과이 작곡가 렘베르토 히메네즈가 약간의 수정을 가해 오늘날 쓰이는 파라과이의 국가를 만들었다. 많은 절이 있으나 1절만 부르는 것이 일반적이고, 전주도 긴 데다 곡 자체가 길기 때문에 일부분이 생략되기도 한다. 흥미롭게도 파라과이는 원주민어 과라니어가 잘 보존되어 있어 1절까지 과라니어로 된 국가 가사도 존재한다.

자메이카의 국가
〈우리가 사랑하는 땅, 자메이카〉

카리브해의 섬나라 자메이카
는 밥 말리(Bob Marley)와 지미 클
리프와 같은 영웅들이 세계화를
주도한 레게(Reggae) 음악의 본고
장으로, 대중음악 역사에서 절대
빼놓을 수 없는 국가다. 그렇다고
브라질의 국가가 삼바 리듬의 노
래가 아니듯 자메이카를 상징하
는 국가 역시 레게 리듬이 아니다.
육상 영웅 우사인 볼트의 올림픽
금메달 수여식에서 한 번쯤 들어
봤을 자메이카의 국가 〈우리가 사
랑하는 땅, 자메이카(Jamaica, Land

밥 말리 동상(킹스턴)

We Love)〉는 간결한 멜로디와 가사로 구성되어 있다. 어쩌면 이 나라의 국가는 볼트 덕분에 세계인들이 인지하게 됐다고 할 수 있다.

'악한 힘으로부터 우리를 자유롭게 하소서/ 무한한 시간 동안 빛이 되어 주소서/ 우리의 지도자여, 위대한 수호자여/ 진실한 지혜를 내려주소서/ 정의, 진실이 영원하도록/ 자메이카, 우리가 사랑하는 땅!'

자메이카는 1494년 콜럼버스가 신대륙에 도착한 후 알려졌으며, 1655년부터 영국의 식민지가 되었다. 영국은 이 땅에 유명한 항구 포트 로열을 세웠는데, 이 도시는 현재 자메이카의 수도인 킹스턴과 가깝다. 이후 1962년 영연방의 일원으로 독립하게 되면서 당연히 국가의 필요성이 대두되었다.

누차 얘기한 것처럼 독립은 국가 탄생의 제1 요인이다. 1961년부터 1년간의 공모 기간을 거쳐 〈우리가 사랑하는 땅, 자메이카〉가 국가로 선정됐다. 로버트 라이트번이 멜로디를 만들었고 휴 셜록이 가사를 붙였다. 그전까지는 다른 영국의 식민지가 그러했듯 영국 국가 〈신이여 여왕을 보호하소서〉로 국가를 대체했다.

멕시코의 국가 〈멕시코의 국가〉

    나초와 브리토, 서부영화 속 콧수염 난 거친 악당. 전통음악 마리아치까지! 유쾌하고 열정적인 문화로 익숙한 나라답게 멕시코의 국가 역시 거세고 용맹한 기운이 넘친다. 축구광들은 이 멜로디를 중계방송에서 들어 익숙할 수 있을 것이다. 국가가 나올 때 심장에 손을 대는 경건함은 우리나라와 닮았다.

〈멕시코의 국가(Himno Nacional de Mexico)〉는 〈조국에 평화를(Ciña ¡Oh Patria! Tus sienes de oliva)〉이라는 제목으로도 알려져 있으나 이는 1절의 첫 소절이다. 〈멕시코의 국가〉가 담고 있는 노랫말 메시지에는 외적 곡조와 대비되는 슬픈 피(被)지배사가 똬리를 틀고 있다. 1521년부터 1821년까지 스페인의 식민 통치 300년. 또 얼마 지나지 않아 1846년 미국과의 전쟁으로 광대한 영토를 빼앗겨야 했던 비통한 역사 아니던가. 10절로 된 곡의 5절이 말해준다.

'전쟁이여, 전쟁이여, 녹아 없어진 조국의 깃발이여/ 그대는 피로 된 파도라네/ 전쟁이여, 전쟁이여, 산과 계곡이여/ 무서운 대포 소리여/ 굉장히 큰 메아리가 울려 퍼지네…'

전쟁의 상황에서 나라를 수호하고자 하는 강인한 의지와 생명력이 넘실거린다. 노래는 스페인 출신의 작곡가인 하이메 누노 로카(Jaime Nuño Roca)가 작곡했다. 당시 멕시코 군대 밴드 그룹의 지도자이기도 했던 이 작곡가는 쿠바에서 만난 적이 있는 대통령 산타 안나를 직접 초대했고, 대통령은 음악가에게 국가 만들기 대회를 제안하게 된다. 이후 행사가 진행되는 과정에서 멕시코 국가가 탄생했다. 대통령 산타 안나는 하나로 통합시킬 수 있는 노래를 통해 패전 후 자국민들의 사기를 진작하고자 했다.

그와 같은 의의처럼 우리는 같은 멜로디와 노랫말을 합창할 때 정서적 공감과 유대가 더욱 높아진다. 멕시코에 국가는 전쟁의 상황을 이겨내고자 하는, 혹은 침략자의 권력에 저항하는 단단한 연결 고리로 작용했다. 지난 역사에 대한 비통함 그리고 숙연함… 자연스레 국민들이 갖는 국가에 대한 애정이나 자긍심 또한 높다. 무려 10절에 달하는 긴 길이로 인해 공식 행사에서는 1절만 흘러나오지만, 완창하기 대회뿐만 아니라 각 주에서는 국가 부르기 콩쿠르도 열린다.

멕시코 국가는 멕시칸 특유의 인종적 위치와 맥락이 닿아 있다. 메스티조(mestizo)들은 백인과 인디오의 혼혈이라는 문화적 특성을 지니고 있다. 다른 나라의 혼혈들처럼 지배와 피지배가 뒤섞이는 과정에서 생겨났지만, 이들은 적극적인 문화 교류와 수용을 통해 자신들만의 정체성과 자부심을 확보했다.

트리오 로스 판초스의 곡으로 우리에게도 알려진 곡 〈바퀴벌레(La Cucaracha)〉 역시 스페인 노래지만, 멕시코혁명 과정에서 전사들 사이에 공유되면서 현재 멕시코 민초들의 대표적인 노래로 남아 있다. 곡목은 전통 모자인 솜브레로를 쓴 농민혁명군의 모습이 바퀴벌레를 닮았다고 해서 붙여진 것이다.

현재 멕시코의 수많은 사람이 가난과 부패를 견디지 못하고 국경을 넘고 있다. 살기 위해, 지금보다 조금이라도 나은 삶을 위해 남북 휴전선의 10배 길이인 3,141km의 거리 뚫기를 감행하는 것이다. 전쟁 상황을 버텨내고 영토를 지켜내기 위해 만들어진 국가가 말해주듯, 뭉쳐도 모자랄 국민들이 지금은 자신의 나라를 속속 떠나는 상황에 처해 있다는 것은 슬픈 역설이 아닐 수 없다.

도미니카공화국의 국가 〈용감한 키스케야인〉

히스파니올라섬 동쪽에 위치한 도미니카공화국은 이웃 국가 도미니카연방과 이름이 유사해 구분하기가 어렵다. 굳이 구분하자면 도미니카공화국은 아이티와 국경을 맞대고 있는 히스파니올라섬의 국가이고, 도미니카연방은 그로부터 남동쪽에 위치한 섬나라다. 도미니카연방은 국명에서 알 수 있듯 영국의 식민 통치를 받은 영연방의 일원이지만, 도미니카공화국은 스페인의 지배를 받았다.

1795년 바젤 조약의 결과로 섬 전체가 프랑스 지배를 받으며 식민지 역사를 시작했으나 1809년 스페인으로 주인이 바뀌었다. 다시 1821년 독립하는가 했지만, 이웃 나라인 프랑스령 아이티가 침략하여 다시 22년간 종속되었다. 마침내 1844년 2월 27일 아이티로부터 독립, 도미니카 제1공화국의 출범을 알렸다.

그것도 잠시, 1861년부터 1865년까지 다시 스페인의 지배를 받아야 했다. 하지만 지배자 스페인은 쿠바나 남미 본토에 관심이 집중되어 도미니카공화국에는 큰 영향력을 행사하지 않았다. 독립은 했지만 자립에는 성공하지 못해 1869년에는 대통령 부에나벤투라 바에즈가 미국에게 도미니카를 미국의 주(state)로 합병해달라는 요청을 할 정도였고, 이후로도 1930년까지 오랫동안 정치적 혼란과 경제 침체를 겪어야 했다.

1930년 독재자 라파엘 트루히요의 30년 독재 정권이 시작되고 나서 1934년 이 나라의 국가 〈용감한 키스케야인(Quisqueyanos Valientes)〉도 제정됐다. 키스케야는 도미니카공화국을 이루는 섬을 가리키며, 수도 산토도밍고 소재의 야구장을 비롯해 곳곳에 키스케야란 이름이 내걸려 있다.

호세 라피노 레야스 샤케스가 작곡을 맡았고 엘미노 프루나 호메가 작사를 맡았다. 대부분의 국가가 그렇듯 독립전쟁에서 승리를 고취하는 내용이다.

> '용감한 키스케야인들이여/ 우리 모두 복받치는 감정으로 노래 부르세/ 불굴의 영광스러운 기치를 들어 올려/ 세상에 보여주세…'

1961년 트루히요가 암살당하고 몇 번의 독재 정권을 더 거쳐야 했으나 이때의 국가는 지금까지도 도미니카공화국을 상징하는 노래로 남아 있다.

도미니카공화국의 국가는 '야구 월드컵'이라 할 월드 베이스볼 클래식 대회로 우리와 사실상 처음 악수했다. 2013년 이 대회에서 도미니카공화국은 사상 최초의 전승 우승을 기록했다. 도미니카공화국은 미국 메이저리그 베이스볼 리그에 미국 다음으로 많은 선수가 등록된 나라이며, 한국과 일본 야구 리그에서 뛰고 있는 수많은 용병을 배출했다. 박찬호에게 한 이닝 두 개의 만루 홈런을 때려낸 페르난도 타티스, '외계인'이라는 별명을 가진 페드로 마르티네즈 등이 도미니카공화국을 대표하는 이름이다.

3 아이티의 국가 〈드살린의 노래〉

　　세계 최초의 흑인 주도 근대적 정부를 수립한 아이티는 카리브해에서 두 번째로 큰 섬 히스파니올라의 서쪽 땅을 차지하고 있는 나라다. 프랑스의 오랜 식민 통치를 받던 아이티는 자유 흑인들과 노예 흑인들의 봉기를 통해 열강을 물리치고 아메리카에서 미국 다음으로 독립을 이룬 국가가 됐다. 하지만 아이티는 프랑스가 '근대화 배상금'이라는 어처구니없는 비용을 청구하면서 최빈국으로 전락할 만큼 국가 재정이 열악하다.

아이티의 국부는 흑인 독립군이자 프랑스의 장군이기도 했던 흑인 투생 루베르튀르다. 그러나 아이티의 국가에는 〈드살린의 노래(Desalinyén)〉라는 제목이 붙어있다. 프랑스군의 함정에 빠져 프랑스 감옥으로 끌려간 투생의 뒤를 이어 독립국을 선포하고 종신 총독이 된 건국 영웅 장-자크 드살린(Jean-Jacques Dessalines)을 기리는 뜻이다. 하지만 이후 드살린은 아이티를 제국으로 만들었다가 공화

투생 루베르튀르

장-자크 드살린

파에 암살당하고 만다.

〈드살린의 노래〉는 아이티혁명 100주년을 기념하는 해인 1903년에 만들어졌다. 니콜라 제프라르와 쥐스탱 레리송이 작곡과 작사를 맡았고, 이듬해 1월 정식 국가로 채택되었다. 그러나 이후에도 빈곤의 양상은 조금도 개선되지 않았다. 1915년부터 1934년까지 미국의 군정 통치를 받았고, 1957년부터는 프랑수아 뒤발리에의 30년 독재 체제에 신음해야 했다.

지금도 아이티는 서인도제도의 극빈국으로, 국제사회의 원조가 없으면 국민들이 생계를 꾸려나가기조차 힘든 극빈 상태에 시달리고 있다. 아이티 출신의 유명한 대중음악가로는 인기 힙합 그룹 푸지스(Fugees)의 일원이었던 와이클레프 장, 록 밴드 아케이드 파이어(Arcade Fire)의 레진 샤사뉴가 있다.

푸에르토리코의 국가 〈보린케냐〉

　　카리브해 북동부의 푸에르토리코는 스페인어로 '부유한 항구'
라는 뜻을 갖고 있다. 그러나 독립국은 아니고 미국의 자치령 지위
를 유지하고 있다. 쿠바가 스페인의 지배를 받았고 아이티가 프랑스
의 지배를 받았던 것을 생각해 보면 현재까지도 미국의 자치령으로
남아 있다는 사실이 의아하다. 1898년 미국-스페인전쟁의 결과로 미
국령이 된 이후 지금까지 미국의 지배를 받고 있다.

자치령이기에 독립된 국가로 존재한다. 이 나라의 국가 〈보린케냐
(La Borinqueña)〉는 1857년 스페인 통치 시기 스페인 작곡가 펠릭스
아스톨 아르테스가 작곡하였으며, 원래 가사는 1868년 여성 시인
롤라 로드리게즈 데 티오가 썼다. '보린케냐'는 푸에르토리코섬의
원주민인 타이노(Taíno)족이 섬을 지칭하는 단어로, 처음 롤라의 가
사는 혁명을 주장하는 과격한 노랫말이었다.

푸에르토리코의 전통음악 스타일 단사(Danza) 리듬이 두드러지는

〈보린케냐〉는 푸에르토리코가 미국에 합병되고 난 후 1952년에야 국가로 지정되었다. 1949년 푸에르토리코 국민들이 스스로 뽑은 총독 루이스 무뇨스 마린이 이 노래를 국가로 제정하였으며, 공격적인 노랫말은 1903년 스페인 저널리스트 마누엘 페르난데스 훈코스가 쓴 가사로 유연하게 바뀌어 1977년 공식 채택됐다.

대체로 국가들의 가사 내용이 독립, 해방, 승전, 국민적 단결 등과 관련되면서 단호하고 전투적인 메시지인 데 반해 이 나라의 노래는 국토에 대한 찬미라는 점에서 특별하다.

> '보린크의 땅이여/ 내가 태어난 곳이지/ 꽃피는 정원이여/ 마법같이 아름답구나/ 하늘은 언제나 파랑구나/ 시중을 받들거라/ 그리고 조용히 자장가를 부르거라/ 파도가 발을 덮을 때까지…'

1950년대부터 푸에르토리코는 미국 본토의 지원을 받아 사회 자본을 구축하고 사회 발전을 시작했다. 그러나 지나치게 본토에 종속된 경제 체제로 인해 미국 국민들과 비교하면 아직 형편없이 빈곤한 삶을 살고 있다. 푸에르토리코 국민들은 미국 시민권이 있으나 미국 대통령 선거에 투표할 수는 없다. 그저 미국과 별도의 나라노래를 소유하고 있다는 것만이 위안일 뿐이다.

페루의 국가
〈우리는 자유로우며 언제나 그러하리라〉

　　잉카제국에 이어 스페인의 오랜 식민지였던 페루의 독립운동
은 19세기 초 백인 혼혈인 크리오요(criollos)를 중심으로 전개되었
다. 독립의 기운을 촉발한 요인으로는 과도한 세금을 비롯한 스페
인의 식민지 수탈정책, 크리오요들의 유럽 견문에 따른 자유계몽
사상의 전파, 식민지에 대한 통제력 감소 등을 들 수 있다.

1821년 남미의 독립영웅인 산 마르틴 장군은 페루의 독립을 선포했
다. 그리고 시몬 볼리바르와 토레 타글레 총독이 연합한 독립군이
1824년 스페인 군대를 격퇴함으로써 300년에 걸친 기나긴 식민 통
치에 종지부를 찍었다. 1879년에서 1884년에 이르는 시기, 칠레와
의 태평양전쟁에서 동맹국 볼리비아와 함께 패하는 바람에 타라파
카주가 칠레에 할양되었고 타크나주와 아리카주도 칠레에 넘어갔
다. 1929년 리마 조약에 따라 아리카주는 칠레에 귀속되었지만, 타
크나주는 페루에 반환되었다.

남미의 독립영웅 산 마르틴

〈우리는 자유로우며 언제나 그러하리라(Somos Libres, Seámoslo Siempre)〉는 페루가 독립하던 해인 1821년에 정식 국가로 제정되었다. 호세 델라 토레 우과테 이 알로콘이 작사를, 호세 베르나르도 알세도(Jose Bernardo Alcedo)가 작곡을 맡았으며, 총 7절로 이뤄져 있다. 제목도 후렴의 일부인데, 국가 제창도 후렴 중심으로 행해진다.

'우리는 자유로우며 언제나 그러하리라/ 언제나 그러하리라!/ 그리고 우리는 빛을 거부하고/ 오로지 햇빛에 의존하였도다!/ 우리가 엄숙한 서약을 깨기 전/ 조국의 영원하고 엄숙한 죽음이…'

4분의 4박자, 바장조의 곡으로 전형적인 행진곡 형태이며 색소폰과 플루트 등 관악기가 중심이 되어 메인 테마 후의 소주제들의 선율도 담당한다. 중반부에 등장하는 단조에서 만들어진 선율은 일종의 비장미마저 선사하는데, '우리가 서약을 깬다면 국가의 죽음은 온다'라는 엄숙한 가사와 어울림을 빚어낸다.

단조에서 장조로 이어지는 이음새가 매끄럽고 각각의 주제 역시 끈끈하게 붙어있다. 전개가 변화무쌍한 편이지만 그렇다고 이질감이 느껴지지 않는다. 음악에서 중요한 다양성과 통일이라는 두 마리 토끼를 모두 잡았다고 할까. 생동감을 갖는 국가로서, 이것은 국가의 메시지인 자유와 관련을 맺는다고 볼 수 있다.

아르헨티나의 국가 〈아르헨티나 국가〉

브라질이 삼바와 축구의 나라라면 아르헨티나는 탱고와 축구의 나라다. 이 점만으로도 두 나라는 필생의 라이벌이다. 매혹적인 반도네온(bandoneón, 탱고 음악에 주로 사용되는 작은 손풍금) 소리의 탱고는 이 나라의 정체성이며, 지금도 아르헨티나 곳곳에서는 탱고의 리듬이 끊이지 않고 연주된다. 마라도나와 메시로 축약할 수 있는, 브라질과 더불어 남미 축구의 절대 강국이기도 하다.

하지만 아르헨티나는 식민시대와 독립, 군사 정권과 민주화를 거쳐 G20에 이르기까지 자유를 향한 갈망과 억압에 대한 저항의 움직임이 끊이지 않았던 나라임을 먼저 이야기해야 한다. 영화 '에비타'에 등장하는 카사 로사다(대통령궁)가 있는 곳이자 독립의 현장인 '5월의 광장'은 아르헨티나 역사가 함축된 장소이며 국가를 설명하는 데 있어서도 중요한 곳이다.

1580년부터 스페인의 지배를 받은 이 나라는 230년도 더 되는 긴 세월이 흐른 1816년 독립을 맞는다. 그 시작점은 1810년, '5월의 광장'에서 일어난 '5월 혁명'이다. 아르헨티나공화국은 정치적 혼란이 계속된 후 1862년에서야 들어선다. 이 해 10월 바르톨로메 미트레가 통일 공화국의 초대 대통령에 취임한다.

아르헨티나의 첫 번째 국가는 1810년 에스테반 데 루카가 작사하고 음악 교사 블라스 파레라가 작곡한 〈조국의 행진〉이지만, 국가라고 하기엔 함량 미달의 가사라는 평가 속에 오래 불리지 못한다. 이에 따라 1813년 2대 아르헨티나 임시 대통령이자 작가인 비센테 로페스 이 플라네스가 쓴 가사를 채택한다. 수난의 역사처럼 이 국가의 가사도 여러 번 바뀌는 과정을 겪는다.

지배에 항거하던 때 쓰인 노랫말에는 스페인을 향한 독설조의 비판이 담겨 있다. 하지만 독립 후 스페인 이민자들이 거주하게 되면서 곤란한 상황에 처하자 1900년 당시 대통령이던 훌리오 아르헨티노 로카가 스페인에 대한 언급 없이 부르라는 법령을 제정한다. 국가 가사에 대한 논쟁이 지속되는 가운데 1944년 1절의 일부를 바꾼 노랫말로 최종 결정된다. 제목과 곡은 1860년에 후안 페드로 에스나올라가 편곡한 〈아르헨티나 국가(Himno Nacional Argentino)〉가 공식 버전으로 지정됐다.

경쾌한 금관악기가 변화무쌍하게 전제를 리드하는 행진곡이다. 합창은 우리나라의 〈애국가〉와 달리 가사마다 다양한 가락으로 노래

리오넬 메시

하는 통절 형식으로, 음악이 빨라지고 느려지는 걸 반복한다. 이 완급 조절이 꽤나 극적인 효과를 부여하는데, 아마도 9절까지였던 것을 3분 길이로 줄이면서 나타난 결과일 것이다. 국제적인 행사에서는 1분가량만 재생한다.

'시민들이여 들어라/ 신성한 외침을/ 자유! 자유! 자유!/ 쇠사슬이 부서지는 소리를 들어라/ 고귀한 평등의 즉위를 보라/ 그 가치 있는 왕위가/ 단결된 남부 주를 열었으니/ 세계의 자유인들은 화답한다/ 위대한 아르헨티나의 민중들이여, 만세!···'

독립투쟁의 승리를 기념하며 만세를 부르는 민중의 포효. 쇠사슬을 부수고 고귀한 평등이 찾아왔음을 감격의 어조로 외친다. 아르헨티나 국가는 다시 한번 자유와 독립의 산물임을 일깨운다.

아르헨티나 국가와 관련하여, 현재 최고의 축구 월드 슈퍼스타 리오넬 메시는 국가대표 알비셀레스테 유니폼을 입고서 국가가 연주될 때 국가를 듣기만 할 뿐 따라 부르지는 않는다. 국가주의가 넘쳐나는 국제 경기에서 메시의 이런 태도는 논란을 부를 수밖에 없다. 아르헨티나 어른들은 메시의 마음가짐이 글러 먹었다고 욕을 한다. 아르헨티나 축구 매체 〈올레〉는 메시가 국가를 부르지 않는 것에 대해 전주가 너무 길어 홈 경기에서 4분 가까이 되는 풀 버전을 다 부르면 진이 빠진다고 분석하면서 메시의 태도가 이해가 간다고 했다. 부르기가 힘들어서 그럴 수도 있겠지만 메시 본인이 밝힌 이유는 신념과 관련되어 있다.

"나는 국가를 부를 필요가 없다고 생각한다. 물론 애국심을 나도 갖고 있다. 국가 제창 여부를 떠나 애국심은 분명하다. 그냥 국가를 듣는 게 내 방식이다. 모두가 각각의 방식을 따르는 게 좋은 것 아닌가."

메시는 국가 부르기가 나라의 상징체계 가운데 하나로 집단 정체성을 공유하는 핵심적인 제의라는 오래된 사실에 돌을 던진다. 국가 제창이 개인의 자유를 억압하는 것일 수 있다는 사고다. 합창이라는 강제성 혹은 전체주의적 성격을 벗고 개인의 상황과 입장에 맡기는 것은 과연 불가능할까. 아직은 국가 부르기가 신성한 집단의식과 국민의례라는 전통적 사고가 해체되지 않고 있다.

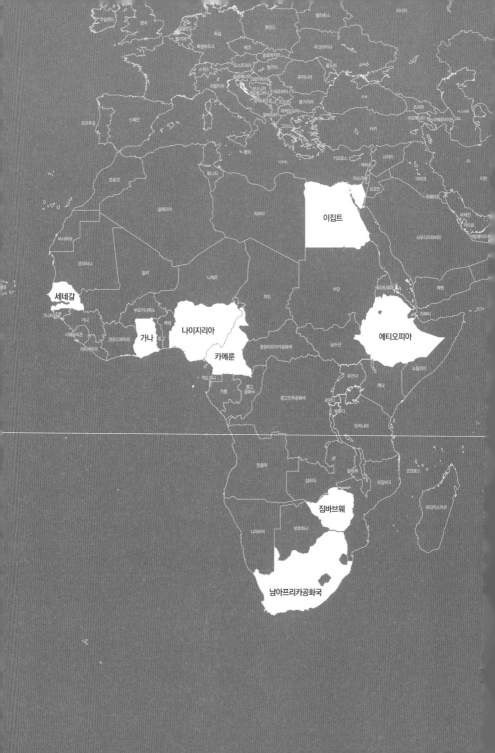

5장 —

아프리카

이집트의 국가 <나의 조국, 나의 사랑과 마음은 그대를 위해>

나이지리아의 국가 <동포들이여, 일어나라>

짐바브웨의 국가 <짐바브웨의 대지에 축복을>

세네갈의 국가 <모든 국민이 그대의 코라와 발라퐁을 친다네>

에티오피아의 국가 <전진하라, 나의 어머니 에티오피아>

남아프리카공화국의 국가 <남아프리카의 찬가>

가나의 국가 <하느님, 우리의 조국 가나를 축복하소서>

카메룬의 국가 <오 카메룬, 우리 선조의 요람이여>

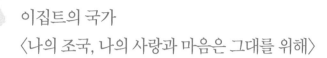

이집트의 국가
〈나의 조국, 나의 사랑과 마음은 그대를 위해〉

　　세계에서 가장 오래된 이집트 문명을 꽃피운 이집트는 기원전 40세기부터 국가로 존재하며 인류 최고의 문명 집단을 구축했다. 최초의 통일 왕조는 기원전 3100년부터 존재했고 이후 고왕국, 중왕국, 신왕국의 거대한 역사를 꽃피웠다. 거대한 피라미드와 의학, 예술, 공학의 왕조를 구축한 그 찬란한 역사는 이집트의 자존심이자 상징이다.

찬란한 고대 문명에 비해 기원후 이집트는 엄청난 영향력을 행사하지는 못했으나 기독교·이슬람·그리스·로마 문화가 한데 모이며 부강한 지역으로 위세를 유지했다. 다양한 왕조가 흥망성쇠를 이루던 이집트가 독립적으로 역사에 등장한 것은 19세기 오스만의 위성국으로 자리를 잡은 후 영국의 보호령 취급을 받던 시기부터다. 이후 1919년 영국 통치에 반발한 이집트인들은 독립혁명을 일으켜 1922년 이집트왕국을 세웠다.

1869년부터 이집트의 국가는 왕가를 찬양하는 단순한 곡조였다. 그러나 이스라엘 건국전쟁에서 패배하여 국내 정세가 혼란스러워지고 그 틈을 타 가말 압델 나세르가 쿠데타를 일으켜 왕정을 폐지하고 공화국을 수립했다. 이때 지금의 국가 〈나의 조국, 나의 사랑과 마음은 그대를 위해〉가 만들어졌다.

이집트 작곡가 사예드 다르위시가 곡을 만들었으나, 정식 국가로 채택된 것은 중동평화에 노력한 사다트 대통령이 통치하던 때인 1979년이다. 〈나의 조국, 나의 사랑과 마음은 국가를 위해〉는 1958년 아랍연합공화국이 등장하며 새로운 국가로 대체되었으나 1971년 이후 국명을 다시 이집트아랍공화국으로 되돌리며 국가의 지위를 되찾았다.

나이지리아의 국가 〈동포들이여, 일어나라〉

　1억 9천만 명의 인구와 서아프리카 지역에 거대한 영토를 가진 나이지리아는 영국의 오랜 식민 통치를 받은 국가로, 많은 식민 국가가 그렇듯 독립과 함께 국가가 성립되었다. 1960년에 독립을 이뤄 바로 국가 〈나이지리아여, 우리가 너에게 만세를 외친다!〉를 제정했으나 1978년 〈동포들이여, 일어나라(Arise, O Compatriots)〉가 새 노래로 채택되었고 지금까지 이 노래가 국가로 불린다.

　나이지리아는 역사상 나이지리아라는 이름으로 존재한 적이 별로 없었다. 아프리카의 여느 나라들이 그러하듯 소규모 부족 국가들이 존재했고, 주요 민족은 하우사족, 이그보족, 요루바족이었다. 19세기 들어 유럽 열강들이 아프리카 대륙을 잠식해 들어가며 현재의 나이지리아는 영국의 통치하에 들어갔고, 1960년이 되어서야 나이지리아라는 이름으로 독립을 이룰 수 있었다.

　영국의 통치로 인해 팝의 강국인 영국에 진출해 성공한 뮤지션이 많은데, 대표적으로 1980년대 팝 음악계를 수놓은 샤데이(Sade)가 나이지리아 혈통이다. 월드 뮤직 분야의 톱스타 펠라 쿠티(Fela Kuti)와 미국 힙합 스타 위즈키드(WizKid)도 음악적으로 나이지리아의 우수성을 빛내고 있다.

〈동포들이여, 일어나라〉는 1967년부터 1970년까지 지속된 비아프라 내전을 겪은 이후, 앞서 이야기했듯이 1978년에 새로 만들어진 국가다. 파 벤 오디아제라는 나이지리아 경찰 밴드 리더가 멜로디를 만들었다. 공식 석상에서는 영어로 불리지만 나라의 세 주축이 되는 하우사족, 이그보족, 요루바족의 언어로도 각각 가사가 존재한다.

나이지리아의 국가는 2010년 남아공 월드컵 조별 예선에서 우리와 마지막으로 맞붙어 그 경기를 통해 우리와 사실상 처음으로 만났다.

짐바브웨의 국가 〈짐바브웨의 대지에 축복을〉

아프리카의 내륙국 짐바브웨는 오랫동안 '로디지아'라는 이름으로 불렸다. 기성세대들은 아직도 로디지아는 알아도 짐바브웨는 처음 듣는 나라 이름이라고 의아해한다. 19세기 제국주의 탐욕에 빠진 영국은 영국남아프리카회사(BSAC: British South Africa Company)를 설립하고 지역 왕국들을 강제적으로 지배하기 시작했다. 설립자인 영국의 재벌 광산업자 세실 존 로즈(Cecil John Rhodes)는 아예 이 땅을 자신의 이름을 따 로디지아로 부르며 백인 통치의 아프리카 국가를 꾸렸다.

'영국령중앙아프리카'로 불리던 짐바브웨는 1923년 공식적으로 영국의 식민지가 되었다. 1960년대 아프리카 식민지 국가들이 하나씩 독립할 때도 로디지아는 북(北)로디지아가 잠비아로 독립했을 뿐 남(南)로디지아인 짐바브웨는 영국의 통치가 계속되고 있었다.

당대 로디지아의 지배자였던 백인 이안 스미스는 전 세계 용병들로

세실 존 로즈

구성된 로디지아군(軍)을 결성하면서 의회를 장악했지만, 소수 백인 지배에 저항하는 흑인 민족주의 무장 단체들, 이른바 반군들이 들고일어나게 된다. 인구 3%에 불과한 백인 농장주들이 소유한 광대한 토지를 되찾기 위해 전개된 반군 투쟁은 마침내 1980년 백인 정부를 굴복시켰고 짐바브웨로 독립하는 데 성공했다.

자누(ZANU, 짐바브웨아프리카민족동맹)라는 이름의 반군을 주도한 로버트 무가베는 초대 총리를 거쳐 이후 1987년에 대통령이 되면서 장기집권 체제를 구축했다. 짐바브웨의 독립에 대한 국제사회의 비상한 관심은 자메이카 레게 영웅 밥 말리의 독립 찬가 〈짐바브웨〉로 축약된다. 전성기 시절인 1979년에 발표한 앨범 〈생존(Survival)〉에 수록된 이 곡은 1980년 짐바브웨 독립 축하 행사에서 연주되었다.

　'더 이상 내부 권력투쟁은 그만/ 우리는 뭉쳐 사소한 갈등을 극복
해야 해/ 곧 우리는 누가 진정한 혁명투사인지 알게 되겠지/ 난
우리의 동포가 서로 적대시하는 것을 원치 않아/ 형제여 우리가
옳아요/ 우리는 싸워야 해요…'

초기 이 나라의 국가는 〈주여 아프리카를 구원하소서〉였으나 1994
년에 현재의 국가 〈짐바브웨의 대지에 축복을(Blessed Be The Land
Of Zimbabwe)〉이 국가로 제정되었다. 현재의 짐바브웨 국가는 짐바
브웨의 다수 민족 쇼나족의 언어와 영어로 된 가사가 공존한다. 짐
바브웨는 로버트 무가베 정권의 오랜 독재와 부패·실정으로 국가
발전의 동력을 찾아야 하는 과제를 안고 있다.

세네갈의 국가
〈모든 국민이 그대의 코라와 발라퐁을 친다네〉

  세네갈의 국가는 확실히 '음악적'이라고 할 수 있다. 국가 제목
에 악기가 등장하는 흔치 않은 사례에 속하기 때문이다. 그만큼 일
반적인 국가는 전쟁과 해방, 독립 등 투쟁적인 상황을 전제하기 때문
에 음악성을 구현하거나 악기를 등장시키는 경우를 찾아보기 어렵
다. 일단 제목으로는 예술적인 국가다.

세네갈의 국가는 〈모든 국민이 그대의 코라와 발라퐁을 친다네
(Pincez Tous Vos Koras, Frappez Les Balafons)〉라는 제목에서 단숨에
그것이 악기라는 것을 알 수 있는 것처럼 코라와 발라퐁이란 말이
들어가 있다. 코라와 발라퐁은 서아프리카의 전통 악기로, 굳이 우
리말로 옮겨보자면 '모든 국민이 그대의 해금과 장구를 친다네' 정
도로 해석할 수 있을 것이다.

  '모든 국민들이 그대의 코라와 발라퐁을 친다네/ 붉은 사자가 지

배했네/ 사바나의 조련사가 뛰어 나아가리/ 어둠을 밝히리라/ 우리의 공포를 빛내는 태양, 희망을 비추는 태양/ 일어나라 형제들이여, 여기에 아프리카가 단결하네/ 녹색 심장의 섬유여/ 형제들이여, 어깨에서 어깨로 모여라/ 세네갈인들이여 일어나라/ 바다와 봄에, 스텝과 숲에 들어가라/ 아프리카 어머니 만세, 아프리카 어머니 만세!'

세네갈의 단결을 넘어 아프리카의 단결을 촉구하는 노랫말이다. 자국에 앞서 아프리카 대륙을 전제하는 것도 특별하다. 그것도 범아프리카 연대(Pan-African Solidarity)다. 짐바브웨의 독립을 적극적으로 찬양한 레게 영웅 밥 말리의 노래 〈아프리카여 단결하라(Africa Unite)〉와 크게 다르지 않다.

'신과 인간 앞에서 이 얼마나 좋고 즐거운 일인가/ 모든 아프리카인들의 단결을 보게 된다는 게/ 이미 선언되었으니 이제 실행해요/ 우리는 라스타맨의 후손이요, 신성한 자의 후손입니다/그러니 아프리카여 단결하라! 단결하라'

코라는 재래식 현악기로, 커다란 조롱박에 소가죽을 씌워 만든 몸체 양옆에 손잡이가 달려 있고, 그 손잡이를 잡고 21줄에 달하는 현을 뜯어서 소리를 낸다. 영롱한 소리의 발라퐁은 13세기 무렵 나타난 건반 타악기로, 그 모습은 현대의 마림바와 비브라폰을 연상시킨다. 나무 건반 아래 작은 조롱박을 달아 소리를 만든다.

이 두 악기를 제목에 넣고자 한 이는 세네갈의 초대 대통령 레오폴세다르 상고르(Léopold Sédar Senghor)였다. 그는 아프리카 사람 최초로 프랑스의 국립 학술원 '아카데미 프랑세즈'의 회원이 된 인물로, 아프리카 문화의 자부심을 되살리며 세네갈 사람들에게 희망을 안겨준 명 시인이었다.

프랑스의 식민 통치를 받던 세네갈은 1959년 지금의 말리 지방과 함께 말리연방을 결성하여 1960년 6월 독립했다. 이후 같은 해 8월 말리연방에서 분리되어 지금의 세네갈공화국이 형성된다. 초대 대통령 상고르가 1980년까지 장기 집권하긴 했으나 여타 아프리카 독재자들과 달리 자진 사퇴했다.

그 덕인가. 세네갈은 지금까지도 쿠데타나 정치적 혼란이 없는 거의 유일한 아프리카 국가로 통한다. 세네갈인들이 '평화로운' 국가(國家)와 '음악적인' 국가(國歌)에 대한 자부심이 강할 수밖에 없는 이유다.

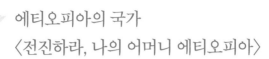

에티오피아의 국가
〈전진하라, 나의 어머니 에티오피아〉

아프리카 대륙에서 가장 오래된 역사를 자랑하는 국가 에티오피아는 악숨 왕국, 자그위 왕조, 솔로몬 왕조 등 강성 국가의 면모를 유지했던 나라였다. 서구 열강의 식민 지배가 가속화되던 19세기에도 에티오피아는 독립 국가의 위상을 유지했고, 1935년 이탈리아의 침공에도 저항하여 왕국을 지켜냈다.

에티오피아 최초의 국가는 1930년 제정된 〈하느님께 소명을 받은 에티오피아 만세를〉이었다. 아르메니아의 작곡가 케보르크 날반디안이 작곡한 이 노래는 19세기 1차 이탈리아-에티오피아전쟁 이후 1930년 하일레 셀라시에(Haile Selassie) 1세가 마지막 황제가 되면서 국가의 지위에 올랐다.

하일레 셀라시에 1세는 그의 표제 '라스타파리(Rastafari)'가 1930년대 카리브해 국가인 자메이카에서 열풍을 불러일으켜 마커스 가비에 의해 '라스타파리아니즘(Rastafarianism)'이라는 신흥 종교가 만들어졌고, 너무도 유명한 밥 말리로 대표되는 레게 음악의 사상적 기반이 된 인물이다.

셀라시에 황제는 1968년 5월 한국을 방문하여 당시 박정희 대통령과 정상회담을 가졌으며, 에티오피아가 1950년 한국전쟁 당시 연합군으로 참전한 것을 기념하는 춘천의 에티오피아 참전 기념비 제막식에 참석하기도 했다. 하지만 연이은 정치·경제의 실패와 호화로운 사생활로 신임을 잃자 멩기스투 장군이 사회주의 쿠데타를 일으켰다. 이로써 에티오피아는 공산주의 체제로 들어가게 된다.

1975년 새로운 국가 〈에티오피아, 에티오피아, 에티오피아, 앞으로!〉가 제정되었다. 당연히 사회주의 체제와 국민의 단결을 찬양하는 가사로 이뤄졌다. 군가의 느낌이 남아 있고, 힘 있는 반주와 줄곧 이어지는 스네어 롤이 특징이다.

멩기스투 치하의 에티오피아는 수단, 소말리아 등 주변국과의 분쟁과 부족 내란, 기독교와 이슬람교의 대결, 자연재해 등이 겹치며 세계 최빈국으로 추락한다. 2018년 공전의 히트를 기록한 그룹 퀸의 영화 '보헤미안 랩소디'로 다시금 주목받은 1985년의 거대한 자선 모금 콘서트 라이브 에이드(Live Aid) 역시 에티오피아에 불어 닥친 대기근으로 수백만 명이 목숨을 잃자 기획된 프로젝트였다.

현재 에티오피아의 국가 〈전진하라, 나의 어머니 에티오피아〉는 에티오피아연방민주공화국으로 국명을 바꾸고 멩기스투 장군을 축출하고 수립한 민정 시대의 노래다. 이전 국가에 비해 조금 빨라지고 분위기는 밝아졌다. 1992년 국가로 정식 채택되었으며 '어머니의 힘'을 역설하는 것이 독특하다. 이 대목은 딴 국가에서 거의 예를 찾을 수 없을 정도로 돋보인다. 대지를 어머니에 비유한다는 점에서 어울림도 갖는다.

'아름다움은 전통의 첫 단계/ 자랑스러운 여자의 재산/ 어머니는 자연의 미덕, 아름다운 사람이니/ 우리는 너를 보호할 의무가 있다네/ 우리의 에티오피아가 존속되기를!…'

실제로 2018년 에티오피아에선 사흘레-워크 쥬드가 첫 여성 대통령으로 즉위하였으며, 내각의 반을 여성 정치인이 차지했다.

남아프리카공화국의 국가 〈남아프리카의 찬가〉

아프리카 대륙의 최남단 남아프리카공화국의 국가 〈남아프리카의 찬가〉는 5개 언어의 가사가 존재한다. 순서대로 코사어, 줄루어, 소토어, 아프리칸스어 그리고 영어. 남아프리카에서 가장 많이 쓰이는 다섯 언어다. 〈남아프리카의 외침〉과 〈주여, 아프리카를 보호하소서〉 두 노래를 편곡하여 합친 것인데, 완연히 하나로 합친 것이 아니라 앞뒤로 노래를 배치하고 중간 '사우스 아프리카'로 구분 지어 놓은 형태에 가깝다. 전자 〈남아프리카의 외침〉이 남아프리카공화국의 백인 집단, 아프리칸스를 상징하는 노래라면 후자 〈주여, 아프리카를 보호하소서〉는 아프리카를 상징하는 흑인 집단의 노래라 할 수 있다. 17세기부터 남아프리카 지역에 이주해온 네덜란드 농부들과 신교도 백인들은 광활한 땅을 개척해 자기들만의 국가를 수립했고, 이들은 영국과 충돌해 보어전쟁을 벌였다. 기나긴 투쟁 끝에 보어인들은 영국에 굴복했고, 영국은 남아프리카를 케이프 식민지로 만들었다. 하지만 보어인들이 식민지 주도권을 잡게 되며 1910년 남아프리카연방 자치령을 수립하게 된다. 1918년 보어인 시인 랑겐호번이 '외침'이라는 시를 짓고 1921년 마르티누스 빌리어즈가 곡을 붙여 완성된 곡이 〈남아프리카의 외침〉이다. 이 노래는 1920년대부터 영국 국가 〈신이여 여왕을 보호하소서〉와 함께 비공식적으로 국가로 사용되었으며 1934년부터 남아프리카연방의 국가가 됐다.

오랫동안 글로벌 사회의 이슈가 된 인종차별정책 아파르트헤이트(Apartheid)로 인해 남아프리카공화국은 공식적으로 보이콧을 당했고, 국제무대에서 남아프리카공화국의 국가는 울려 퍼지지 못했다. 〈주여, 아프리카를 보호하소서〉는 그것과 완벽히 대립하는 지점에 있는 곡으로, 1897년 코사인 목사 에노흐 손통가가 작곡한 찬송가이자 아프리카의 정신을 대표하는 노래로 입지를 굳혔다. 남아프리카공화국 백인 정부에 저항하는 '반(反) 아파르트헤이트' 송가로 자리 잡았으며, 그 정신을 이어받은 탄자니아, 잠비아, 짐바브웨 등의 국가는 다름 아닌 이 노래를 바탕으로 만들어진 것이다.

1990년대 아파르트헤이트 정책이 철폐되고 저항의 상징 넬슨 만델라가 1994년 최초 흑인 대통령에 당선되면서 마침내 인종차별 제도가 폐기되고 어정쩡하게 존재해온 두 개의 국가 시대는 끝났다. 당연히 1994년 〈주여, 아프리카를 보호하소서〉가 국가에 올랐고, 1997년부터는 지금까지 내려오는 합성된 버전이 국가로 쓰이고 있다.

가나의 국가
〈하느님, 우리의 조국 가나를 축복하소서〉

　서아프리카의 국가 가나의 국가는 〈하느님, 우리의 조국 가나를 축복하소서(God Bless Our Homeland Ghana)〉다. 가나는 마이클 에시앙, 콰드워 아사모아 등을 배출한 아프리카의 축구 강국으로 월드컵과 각종 평가전을 통해 우리에게 익숙한 편이다. 가나의 음악가이자 교사였던 필립 코미 그베호가 영국의 국가 〈신이여 여왕을 보호하소서〉로부터 영감을 받아 1957년 작곡한 곡이다. 다시 한번 〈신이여 여왕을 보호하소서〉의 광대한 영향을 확인하게 된다.

15세기부터 포르투갈, 네덜란드, 덴마크, 스웨덴 등 다양한 유럽 열강의 지배를 받았던 가나 땅은 19세기 들어 본격적으로 영국의 지배를 받게 된다. 풍부한 황금 매장량으로 유명한 이 땅을 영국인들은 '황금해안(Gold Coast)'이라 불렀다.

이런 오랜 식민 통치 기간을 거쳐 1945년 콰메 은크루마를 중심으로 독립운동이 시작된다. 1957년 가나가 실질적으로 독립하게 되며

가나 국기

〈하느님, 우리의 조국 가나를 축복하소서〉 역시 국가로 제정되었다. 하지만 국가가 해방과 독립의 상징임을 감안하면 식민 통치국이었던 영국의 국가의 영향을 받아 자국 국가를 만들었다는 점에서 태생적 한계를 지닌다. 언젠가는 국가의 시련이 닥칠지도 모르겠다.

가나는 튀니지, 모로코 등 북아프리카의 이슬람 국가들을 제외하면 사하라 이남 아프리카에서 제일 먼저 독립을 쟁취한 나라다. 이 나라를 상징하는 '검은 별'에는 아프리카 대륙의 모든 국가가 독립과 번영을 이루길 희망하는 선의가 담겨 있다. 가나의 국가 마지막 3절의 가사인 '가나의 깃발을 높이 들어 올리고, 아프리카와 하나 되어 전진하라'는 가나공화국과 아프리카가 함께 나아가야 할 숙명과도 같다.

카메룬의 국가 〈오 카메룬, 우리 선조의 요람이여〉

역시 아프리카 축구의 강국인 카메룬의 국가는 캐나다의 국가와 공통점이 있다. 전혀 공통점이 없을 것 같은 아프리카와 북미의 두 나라지만, 이들의 국가는 프랑스어 가사와 영어 가사 두 가지 버전이 있고 그 두 가사의 뜻이 다르다는 점에서도 유사하다. 짐작하겠지만 두 나라의 식민지였던 역사의 잔영이 아닐 수 없다.

200여 개의 부족으로 이루어진 카메룬은 애초 독일의 식민 통치를 받았으나 1차 세계대전 이후 남부와 서부는 영국에, 나머지 지역은 프랑스에 할당되었다. 이 때문에 프랑스어와 영어를 공식 언어로 사용하고 있고 당연히 국가 〈오 카메룬, 우리 선조의 요람이여(O Cameroun Berceau de Nos Ancêtres)〉 역시 두 개의 언어 가사가 사용된다.

1928년 르네 드장 아파메(Rene Djam Afame)가 곡을 만들었고 1948년부터 비공식적 국가로 사용되었다. 카메룬의 독립은 1960년에 이

2017년 아프리카 네이션스컵 우승

뤄졌지만, 국가가 제정된 해는 1978년이다. 카메룬의 형성 과정이 꽤 오래 걸린 탓이다. 1960년의 독립이 프랑스령 카메룬의 독립이었고 1961년 영국령 카메룬의 남쪽 영토를 합병하여 오늘날의 카메룬공화국이 탄생했기 때문이다.

1972년에는 카메룬연방공화국이 되었고, 1978년에는 연방제를 폐지하고 카메룬연합공화국이 되었다가 1984년 다시 카메룬공화국이 되었다. 프랑스의 국가 〈마르세유의 노래〉를 연상케 하는 〈오 카

메룬, 우리 선조의 요람이여〉는 축구 강국인 카메룬이 국제 대회에
출전할 때 세계인들에게 깊은 인상을 남긴다.

6장 오세아니아

오스트레일리아의 국가
<아름다운 오스트레일리아여 전진하라>

뉴질랜드의 국가
<신이여 여왕을 보호하소서>
<신이여 뉴질랜드를 지켜주소서>

오스트레일리아의 국가
〈아름다운 오스트레일리아여 전진하라〉

　　오랜 기간 영국의 식민지였던 오스트레일리아는 나라노래 역시 독립 전까지는 영국의 국가 〈신이여 여왕을 보호하소서〉였다. 현재의 국가인 〈아름다운 오스트레일리아여 전진하라(Advance Australia Fair)〉가 등장한 건 1878년이었으나, 정식 국가로 제정된 것은 비교적 최근이라 할 1984년이다.

　　학교 음악 교사였던 피터 도즈 맥코믹이 작곡한 이 노래는 1916년 1차 세계대전 중 이집트로 진군하는 호주 군인들을 위한 광고에 쓰이기도 했으며, 1952년에는 오스트레일리아 국영 방송국 ABC 뉴스 시그널로 사용되기도 했다.

　　호주를 상징하는 또 다른 노래로 〈월칭 마틸다(Waltzing Matilda)〉가 있다. 1895년 작곡되었고 호주의 시인 밴조 패터슨이 가사를 붙인 이 노래는 정확한 공식 가사가 존재하지 않는 민요이지만 오스트레일리아에 정착한 영국 이민자들의 고된 삶을 다룬 내용으로 오랫동안 불려왔다. 우리나라로 치면 〈아리랑〉에 가까운 곡이다.

〈월칭 마틸다〉 외에 1859년 영국 태생의 시인 캐롤라인 칼튼이 작곡한 〈오스트레일리아의 노래〉도 국가 후보로 유력했다. 그럼에도 불구하고 〈신이여 여왕을 보호하소서〉를 국가로 삼았던 호주는 1974년 당시 총리 고프 휘틀럼이 호주를 영국의 영향권에서 벗어나게 하고자 하면서 새 국가의 필요성이 대두되었다.

그해 정부는 여러 후보를 놓고 어떤 노래가 좋겠느냐는 전국 단위 설문조사를 실시했다. 그 결과, 여러 지역에 걸쳐 가장 널리 불리고 인지도가 높은 〈아름다운 오스트레일리아여 전진하라〉가 국가 후보로 선정되었다. 이후 1977년의 국민 투표를 거쳐 1984년에 국가 의전행사에 쓰이는 공식 국가로 결정되었다.

4분의 4박자, 16마디로 작곡된 전형적인 두도막 형식의 장조 음악이지만 극적인 마무리를 위해 재현 성향의 4마디가 더해져 총 20마디로 구성되었다. 호주의 아름다운 자연과 그 자연을 개척하며 살아가는 젊은 호주인을 표현하고 있다.

곡조와 화음은 유려하고 낭만적이며, 다소간 청교도적인 절제미를 갖추고 있다. 찬송가의 느낌이 살짝 드는 것은 아마도 원곡의 작사·작곡자 피터 도즈 맥코믹이 장로교 재단의 장로이자 교육자인 점과 관련이 있을 것으로 보인다.

호주는 지금도 〈신이여 여왕을 보호하소서〉를 왕실 국가로 정하고 있으나 공식 석상 혹은 국가 경조사에서는 〈아름다운 오스트레일리아여 전진하라〉를 부른다. 2006년 호주에서 열린 영연방 경기 대회에서는 영국 왕실을 위한 제스처로 〈신이여 여왕을 보호하소서〉를 연주해 아직도 강력한 영연방의 일원임을 전했다.

한편, 호주 정부는 2021년 1월부터 국가 가사를 일부 개사한다고 발표했다. '우리는 젊고 자유로우니(For we are young and free)'를 '우리는 하나 되고 자유로우니(For we are one and free)'로 변경한 건데, 이는 백인이 정착하기 전부터 존재한 원주민들의 오랜 역사를 반영해 국민 통합을 도모하자는 제안을 받아들인 결과다.

뉴질랜드의 국가
〈신이여 여왕을 보호하소서〉
〈신이여 뉴질랜드를 지켜주소서〉

　　영연방의 일원으로서 기본적으로는 호주와 큰 차이가 없다. 영국 국왕을 국가 원수로 삼고 있는 만큼 영국의 국가인 〈신이여 여왕을 보호하소서〉를 국가로 지정했다. 그런데 1978년에 또 〈신이여 뉴질랜드를 지켜주소서(God Defend New Zealand)〉도 함께 뉴질랜드의 국가로 선정, 공식적인 국가가 두 개인 셈이다.

상황에 따라 곡 제목대로 왕실과 관련한 행사에서는 전자를 부르고 국가 정체성과 관련된 자리에서는 〈신이여 뉴질랜드를 지켜주소서〉를 부른다. 하지만 영연방 국가 가운데 〈신이여 여왕을 보호하소서〉에 공식 국가의 지위를 부여한 나라는 뉴질랜드밖에 없다. 나머지 연방국들은 이 곡에 왕실가로서의 격만 주었다는 점에서 다르다고 할 수 있다.

〈신이여 여왕을 보호하소서〉가 풀 오케스트라를 바탕으로 웅장함을 띤다면 〈신이여 뉴질랜드를 지켜주소서〉가 차지하는 음악적 지

2006년 뉴질랜드팀의 하카 퍼포먼스(프랑스와의 럭비 풋볼 경기)

점은 조금 다르다. 토속 원주민인 마오리족의 색채를 잔뜩 머금은 곡은 어쿠스틱 스트링 사운드를 축으로 해서 차분히 곡의 에너지를 끌어올린다. 4분의 4박자, 16마디 두도막 형식 장조 음악으로 일견 평범하고 일반적인 구성을 가진 보편적인 음악이다.

하지만 낯선 발음의 1절의 가사가 과거 남태평양 전역을 호령하던 마오리족의 언어임을 깨닫는 순간 원주민과 이민족 간의 반목과 예속, 차별의 어두운 역사를 뛰어넘어 서로에 대한 존중을 바탕으로 화합과 상생을 상징하는 특별한 음악으로 승화된다.

다른 나라 사람들에게도 널리 알려진, 전 세계 최강으로 손꼽히는 뉴질랜드 럭비 풋볼팀의 출정식 하카(Haka) 퍼포먼스와 더불어 〈신이여 뉴질랜드를 지켜주소서〉는 다민족이 상생(相生)하는 뉴질랜드의 과거, 현재, 미래이자 자존과 긍지로 여러 나라에 귀감이 되고 있다. '함께'의 사고가 국가에도 구현된 셈이다.

1870년대에 토머스 브래큰이 작사하고 존 조셉 우즈가 작곡했다. 상생을 증명하듯 영어와 마오리어 두 개의 버전이 존재한다. 마오리어 제목인 '아오테아로아(Aotearoa)'는 마오리어로 뉴질랜드를 가리키며 '길고 흰 구름의 나라'라는 뜻이다.

국가가 위기다

1쇄 발행일 2021년 3월 9일
2쇄 발행일 2021년 11월 29일

글   임진모
펴낸이   김완중
펴낸곳   내일을여는책
편집총괄   김세라
디자인   윤현정
관리   장수댁
인쇄   아주프린텍
제책   바다제책

출판등록   1993년 1월 6일(등록번호 제475-9301)
주소   전라북도 장수군 장수읍 송학로 93-9(19호)
전화   063) 353-2289
팩스   063) 353-2290
전자우편   wan-doll@hanmail.net
블로그   blog.naver.com/dddoll

ⓒ 임진모 2021
ISBN 978-89-7746-949-5(03300)